www.ingramcontent.com/pod-product-compliance
Lightning Source LLC
LaVergne TN
LVHW020439070526
838199LV00063B/4791
* 9 7 8 8 1 9 5 9 8 8 6 3 1 *

بال و پَر

(تضمینی غزلیں)

احمد کمالؔ حشمی

2022

© جملہ حقوق بحقِ روشن آرا محفوظ

Baal-O-Par
By
Ahmad Kamal Hashami
Year of Edition - 2022

نام کتاب	:	بال و پر
موضوع	:	تضمینی غزلیں
مصنف	:	احمد کمال حشمی
پتہ	:	H/28/1, B.L. No.-2, Naya Bazar Kankinara-743126 (W.B)
سن اشاعت	:	سنہ ۲۰۲۲ء
تعداد	:	۵۰۰ (پانچ سو)
قیمت	:	Rs. 200/-
کمپوزنگ	:	میرا گرافکس (کولکاتا)، 9903291856

انتساب

ان شعراء کے نام
جن کے مصرعوں پر
تضمینی غزلیں
کہی گئی ہیں

4

تضمینی غزلیں

	برمصرع	صفحہ		برمصرع	صفحہ
1	آل احمد سرورؔ	11	18	انور شمیم	28
2	اجمل فریدی	12	19	انور صابری	29
3	احسن امام احسن	13	20	بدیع الزماں خاور	30
4	احمد عرفان	14	21	بسمل عظیم آبادی	31
5	احمد فراز	15	22	بشر نواز	32
6	احمد نثار	16	23	بشیر بدر	33
7	اختر انصاری	17	24	پروین شاکر	34,35
8	ارشد جمال حشمی	18	25	تاباں عبدالحئی	36
9	ارشد جمال صارم	19	26	تہذیب حافی	37
10	اصغر شمیم	20	27	جعفر شیرازی	38
11	افضال عاقل	21	28	جگر بریلوی	39
12	افضل منہاس	22	29	جگر مرادآبادی	40,41
13	اقبال صفی پوری	23	30	جمال احسانی	42
14	اکرم نقاش	24	31	حشم الرمضان	43
15	امان اللہ ساغر	25	32	حنیف ساجد	44
16	انجم عظیم آبادی	26	33	خواجہ جاوید اختر	45
17	انور شعور	27	34	خورشید اکبر	46

70	شاہد پٹھان	55	47	خورشید احمد ملک	35
71	شاہد نور	56	48-50	خورشید طلب	36
72	شکیب جلالی	57	51	دلاور علی آذر	37
73	شگفتہ یاسمین غزل	58	52	ذکی طارق	38
74	شمشاد شاد	59	53	راحت اندوری	39
75	شمیم حنفی	60	54	راحت حسن	40
76	شہزاد نیّر	61	55	راشد انور راشد	41
77	صابر اقبال	62	56	رسول ساقی	42
78	صائمہ اصحاق	63	57	رضا جونپوری	43
79	صلاح الدین نیّر	64	58	رضا علی وحشت	44
80	ضمیر یوسف	65	59	رؤف خیر	45
81	ظفر اقبال ظفر	66	60	رئیس الدین رئیس	46
82	ظہیر غازی پوری	67	61	ساجد حمید	47
83	ظہیر مشتاق رانا	68	62,63	ساحر لدھیانوی	48
84	عادل رضا منصوری	69	64	ساقی امروہوی	49
85	عاصم بخاری	70	65	سلیم کوثر	50
86	عاصم شہنواز شبلی	71	66	سہیل اختر	51
87	عالم خورشید	72	67	سید سروش آصف	52
88,89	عباس تابش	73	68	سیفی سرونجی	53
90,91	عرفان ستار	74	69	سید انجم رومان	54

6

75	عرفان صدیقی	92	96	مرزا اطہر ضیاء	116
76	عزیز نبیل	93	97	مستحسن عزم	117
77	علامہ اقبال	94	98	مظفر حنفی	118
78	عندلیب شادانی	95	99	مضطر افتخاری	119
79	غلام مرتضیٰ راہی	96	100	معراج احمد معراج	120
80	فاروق جائسی	97	101	معصوم شرقی	121
81	فراغ روہوی	98	102	مقصود انور مقصود	122
82	فرزانہ پروین	99	103	ممتاز انور	123
83	فہمی بدایونی	100	104	ممتاز راشد	124
84	فہیم جوگاپوری	101	105	منظور عالم شاہ	125
85	قتیل شفائی	102	106	منور رانا	126
86	قیصر شمیم	103	107	منیر انور	127
87	کرشن کمار طور	104,105	108	موج شاکری	128
88	کلیم حاذق	104	109	مہدی پرتاپ گڑھی	129
89	کلیم ناصر	107	110	ناصر کاظمی	130
90	کمار پاشی	108	111	نسیم عباسی	131
91	کومل جوئیہ	109,110	112	نظم طباطبائی	132
92	کیفی اعظمی	111	113	نصر اللہ نصر	133
93	محسن نقوی	112,113	114	والی آسی	134,135
94	محسن باعشن حسرت	114	115	یگانہ چنگیزی	136
95	محمود کیفی	115			

شعرا کے ناموں کی ترتیب حروف تہجی کے اعتبار سے ہے

بال و پر
احمد کمال حشمی

تعارفی خاکہ

خاندانی نام : احمد کمال حشمی

قلمی نام : احمد کمال حشمی

ولدیت : حشم الرمضان مرحوم

(مغربی بنگال کے استاد شاعروں میں شمار کئے جاتے ہیں)

پیدائش : 24اگست1964

ملازمت : حکومت مغربی بنگال کے محکمۂ اراضی میں افسر

آغاز شاعری : 1987

کتابیں: ـــــــ

1۔آیات سخن۔1995 (کلکتہ کے مضافات کی شاعری کا انتخاب)

2۔سفر مقدر ہے۔2005 (غزلوں کا مجموعہ)

3۔چاند ستارے جگنو پھول۔2009 (بچوں کیلئے نظمیں)

4۔ردعمل۔2016 (غزلوں کا مجموعہ)

5۔آدھی غزلیں 2017 (گرہ بند غزلوں کا مجموعہ)

6۔سنگ بنیاد 2020 (مخمس نما تضامین کا مجموعہ)

7۔بن پھول 2022 (بنگلہ ادیب بن پھول کی 102 منتخب کہانیوں کا ترجمہ)

اعزازات وانعامات: ـــــــ

''سفر مقدر ہے'' کو مغربی بنگال اردو اکاڈمی نے انعام سے نوازا۔

''چاند ستارے جگنو پھول'' کو مغربی بنگال اور بہار اردو اکاڈمیوں کی طرف سے انعامات ملے۔

''سنگ بنیاد'' کو اتر پردیش اردو اکاڈمی نے انعام دیا۔

کلکتے کے تاریخی ملّی اور سماجی ادارے دی مسلم انسٹی ٹیوٹ نے 2022 کے اعزاز افضل ایوارڈ برائے شاعری سے نوازا۔

ہوڑہ رائٹرز ایسوسی ایشن کی جانب سے ادبی خدمات کے اعتراف میں 2022ء میں میمنٹو اور شال کی شکل میں اعزاز دیا گیا۔

بھاٹ پاڑہ میونسپلٹی کی طرف سے 2017 میں علمی اور ادبی خدمات کے اعتراف میں بھاٹ پاڑہ رتن ایوارڈ ملا۔

اسکے علاوہ کلکتہ کے مختلف غیر سرکاری اداروں کی طرف سے اثبات ونفی ایوارڈ، ساحر لدھیانوی ایوارڈ اور قرطاس وقلم ایوارڈ بھی مل چکے ہیں۔

❖❖❖

چوتھا خط

قارئین کرام!　　　السلام علیکم

''بال و پر'' لے کر حاضر ہوں!

یہ میرا پانچواں شعری مجموعہ اور تضامین کا تیسرا مجموعہ ہے۔غزل کے بعد تضمین میری پسندیدہ صنف سخن رہی ہے۔اس سے پہلے تضمینوں کے دو مجموعے پیش کر چکا ہوں۔2017 میں گرہ بند تضامین کا مجموعہ ''آدھی غزلیں'' کے نام سے آیا تھا جو ایک تجربہ تھا۔میں نے کسی شاعر کی ایک غزل کے تمام ثانی مصرعوں پر اولیٰ مصرعے کہہ کر گرہ بند غزل کہی اور اس کا نام ''آدھی غزل'' دیا۔آج بہت سے شعراء آدھی غزلیں کہہ رہے ہیں۔2020 میں میری مخمس نما تضامین کا مجموعہ ''سنگ بنیاد'' کے نام سے منظر عام پر آیا۔

اب ''بال و پر'' کے نام سے تضمینی غزلوں کا مجموعہ لے کر حاضر ہوا ہوں۔یہ تضمین کی ایک نئی شکل ہے۔میں نے کسی شاعر کے ایک ہی مصرعے پر گرہ لگاتے ہوئے مطلع اور مقطع کے علاوہ کچھ اور گرہ بند اشعار کہہ کر غزل مکمل کی اور اسے تضمینی غزل کا نام دیا ہے۔

اکتوبر 2018 میں میں نے اپنے وھاٹس ایپ گروپ 'دیارِ میر' میں گرہ بندی کا سلسلہ شروع کیا۔اس سلسلے کے تحت ہر ہفتے کسی شاعر کا ایک مصرع گروپ میں دیا جاتا ہے۔گروپ کے اراکین اس مصرعے پر گرہیں لگاتے ہیں۔19/فروری 2019 کو شکیب جلالی کے مصرعے

کیوں ہنس رہے ہو چاند ستارو جواب دو

گرہ کے لئے دیا گیا۔اس مصرعے پر میں نے تین گرہیں لگائیں۔اچانک میرے ذہن میں ایک خیال نے سر ابھارا کہ اگر میں دو اور گرہیں لگا کر مطلع اور مقطع بھی کہہ لوں تو ایک گرہ بند غزل مکمل ہو سکتی ہے اور یہ نئی چیز ہوگی۔اس خیال کے تحت میں نے شکیب جلالی کے مصرعے پر پہلی تضمینی غزل اسی روز کہی۔وہ غزل 3/مارچ 2019 کو 'پندار' پٹنہ میں شائع ہوئی۔اس کے بعد تضمینی غزلیں کہنے کا سلسلہ چل پڑا اور اب 126 تضمینی غزلوں کا مجموعہ آپ کے سامنے ہے۔

تضمینی غزلیں پڑھتے ہوئے آپ کو ایک طرح کی نامانوسیت کا احساس ہوسکتا ہے۔ عین ممکن ہے کہ ایک ہی مصرعے کی تکرار بار سماعت اور بارِ ذہن بھی ہو مگر میری گزارش ہے کہ ان غزلوں کو صنف تضمین کی خوبی کے پیش نظر دیکھیں۔

تضمین کی خوبی یہ مانی جاتی ہے کہ تضمین کا شعر مفہوم کے اعتبار سے اصل شعر سے بالکل مختلف ہو۔ بنیادی مصرعے پر مصرع یوں جوڑنا پڑتا ہے کہ شعر میں ایک نیا پہلو سامنے آئے۔ طرحی غزلیں پڑھتے یا سنتے ہوئے قارئین یا سامعین کی توجہ تضمین کے شعر پر زیادہ ہوتی ہے۔ لوگ یہ دیکھنے کے لئے متجسس رہتے ہیں کہ شاعر نے طرحی مصرعے کو کس انداز سے باندھا ہے۔ شعراء کو بھی اس بات کا احساس رہتا ہے اس لئے شعراء اپنی غزلوں میں تضمین کے شعر پر زیادہ محنت کرتے ہیں۔

میں نے ان تضمینی غزلوں میں ایک ایک مصرعے کو پانچ/ چھ اور کہیں کہیں سات پہلوؤں سے باندھا ہے۔ شعراء حضرات اس دشوار کن تجربے کو محسوس کر سکتے ہیں۔ میں اس تجربے میں تضمین کی مذکورہ خوبی کا لحاظ کہاں تک کر سکا ہوں اس کا فیصلہ آپ کیجئے۔

جہاں تک مجھے علم ہے، مجھ سے پہلے کسی نے تضمینی غزلیں نہیں کہی ہیں۔ میں نے تو نہیں پڑھیں۔ ایسا کوئی شعری مجموعہ بھی اس سے پہلے ہندوستان میں کبھی شائع نہیں ہوا۔ یہ اپنی نوعیت کا پہلا شعری مجموعہ ہے۔

مجھے احساس ہے کہ کوئی تجربہ بڑی مشکل سے شرف قبولیت حاصل کرتا ہے۔ ابتدا میں ہر تجربے کو شدید مخالفت کا سامنا کرنا پڑتا ہے۔ کچھ تجربے بہت جلد دم توڑ دیتے ہیں۔

مجھے تضمینی غزلوں میں غضب کی فنکاری نظر آتی ہے۔ ایک ہی مصرعے پر پانچ، چھ یا سات گرہیں لگانا دشوار امر ہے۔ اسی دشواری نے مجھے تضمین کی اس شکل کی طرف مائل کیا۔

اہل نظر کی پذیرائی مجھے مزید تضمینی غزلیں کہنے کی طرف مائل کرے گی۔ دوسرے شعراء اگر تضمینی غزلیں کہیں گے تو میں سمجھوں گا کہ میرا تجربہ کامیاب رہا۔

آپ کا
احمد کمال حشمی

تضمینی غزل

(برمصرع آل احمد سرورؔ)

آتی ہے دھار ان کے کرم سے شعور میں
دشمن ملے ہیں دوست سے بہتر کبھی کبھی

❖❖❖

اہل کرم لگا ہے ستم گر کبھی کبھی
"دشمن ملے ہیں دوست سے بہتر کبھی کبھی"
کانٹوں نے بھی کیا ہے مرے زخم کا رفو
"دشمن ملے ہیں دوست سے بہتر کبھی کبھی"
یہ خوش نصیبی ہے کہ مری بدنصیبی ہے
"دشمن ملے ہیں دوست سے بہتر کبھی کبھی"
اس زندگی نے یہ بھی دکھا یا ہے معجزہ
"دشمن ملے ہیں دوست سے بہتر کبھی کبھی"
کل تم بھی یہ کہوگے ہماری طرح کمالؔ
"دشمن ملے ہیں دوست سے بہتر کبھی کبھی"

❖❖❖

تضمینی غزل

(بر مصرع اجمل فرید)

تلخی کو اس کے دل سے مٹاتا رہا ہوں میں
پتھر سے آئنے کو بچاتا رہا ہوں میں

❖❖❖

دشوار کام کر کے دکھاتا رہا ہوں میں
"پتھر سے آئنے کو بچاتا رہا ہوں میں'

اس کی کسی بھی بات کو دل پر نہیں لیا
"پتھر سے آئنے کو بچاتا رہا ہوں میں''

پتھر ہے مجھ سے اس لئے ناراض ان دنوں
"پتھر سے آئنے کو بچاتا رہا ہوں میں''

زخمی ہوا ہے گرچہ کئی بار میرا سر
"پتھر سے آئنے کو بچاتا رہا ہوں میں''

پتھر کو آئینے سے بچانا پڑے گا اب
"پتھر سے آئنے کو بچاتا رہا ہوں میں''

اب آئنے سے آئینہ ٹکرا گیا ، کمالؔ
"پتھر سے آئنے کو بچاتا رہا ہوں میں''

❖❖❖

تضمینی غزل

(بر مصرع احسن امام احسنؔ)

گرایا بابری مسجد کو شر پسندوں نے
یہ سانحہ ہے مگر سانحہ الگ سا ہے

❖❖❖

یقین آئے تو کیسے، بڑا الگ سا ہے
"یہ سانحہ ہے مگر سانحہ الگ سا ہے"

بچھڑ کے اُس سے میں زندہ ہوں اور خوش بھی ہوں
"یہ سانحہ ہے مگر سانحہ الگ سا ہے"

جو نا خدا بھی نہیں ہے وہی خدا ہے اب
"یہ سانحہ ہے مگر سانحہ الگ سا ہے"

کسی کو کوئی شکایت نہیں حکومت سے
"یہ سانحہ ہے مگر سانحہ الگ سا ہے"

میں کامیاب ہوا ہوں اسے بھلانے میں
"یہ سانحہ ہے مگر سانحہ الگ سا ہے"

کمالؔ! تم اسے اک واقعہ سمجھتے ہو؟
"یہ سانحہ ہے مگر سانحہ الگ سا ہے"

❖❖❖

تضمینی غزل

(برمصرع احمد عرفان)

یہ زندگی تھی کہ دھتکارتی رہی مجھ کو
میں بات کرتا رہا اس سے مسکراتے ہوئے

❖❖❖

جھجک رہا تھا وہ مجھ سے نظر ملاتے ہوئے
"میں بات کرتا رہا اس سے مسکراتے ہوئے"
پتہ کسی کو نہ چلنے دیا جدائی کا
"میں بات کرتا رہا اس سے مسکراتے ہوئے"
یہ دیکھ کر کئی چہرے اتر گئے ہوں گے
"میں بات کرتا رہا اس سے مسکراتے ہوئے"
کوئی سمجھ نہیں پایا مری ادا کاری
"میں بات کرتا رہا اس سے مسکراتے ہوئے"
یہ اور بات کہ دل میرا رو رہا تھا بہت
"میں بات کرتا رہا اس سے مسکراتے ہوئے"
مرا عدو بڑا حیران ہورہا تھا کمالؔ
"میں بات کرتا رہا اس سے مسکراتے ہوئے"

❖❖❖

تضمینی غزل

(برمصرع احمد فرازؔ)

وہ مہرباں ہے مگر دل کی حرص بھی کم ہو
طلب، کرم سے زیادہ ہے کیا کیا جائے

❖❖❖

مزید دینے کا وعدہ ہے کیا کیا جائے
"طلب، کرم سے زیادہ ہے کیا کیا جائے"
میں مانتا ہوں کہ وہ ہے بہت سخی، لیکن
"طلب، کرم سے زیادہ ہے کیا کیا جائے"
وہ زخم زخم مجھے کر گیا مگر پھر بھی
"طلب، کرم سے زیادہ ہے کیا کیا جائے"
میں اس کا شاکی نہیں ہوں پہ مطمئن بھی نہیں
"طلب، کرم سے زیادہ ہے کیا کیا جائے"
یہ اس کی بیجا سخاوت ہی کا نتیجہ ہے
"طلب، کرم سے زیادہ ہے کیا کیا جائے"

❖❖❖

تضمینی غزل

(بر مصرع احمد نثار)

جیسے جنگل میں ہوا سرد چلے، برف جمے
دل کے اندر مرے ایسا ہی ہوا کرتا ہے

❖❖❖

کوئی رہ رہ کے تجھے سجدے کیا کرتا ہے
"دل کے اندر مرے ایسا ہی ہوا کرتا ہے"

کبھی لگتا ہے کہ کوئی ہے، کبھی کوئی نہیں
"دل کے اندر مرے ایسا ہی ہوا کرتا ہے"

کبھی دنیا چلی آتی ہے ٹھہرنے کچھ دن
"دل کے اندر مرے ایسا ہی ہوا کرتا ہے"

سانس رک جاتی ہے چلتی ہے اٹک جاتی ہے
"دل کے اندر مرے ایسا ہی ہوا کرتا ہے"

کبھی لگتا ہے کہ زندہ ہی نہیں ہوں میں کمالؔ
"دل کے اندر مرے ایسا ہی ہوا کرتا ہے"

تضمینی غزل

(برمصرع اختر انصاری)

کوئی بھی مآلِ محبت مجھے بتاؤ نہیں
میں خواب دیکھ رہا ہوں مجھے جگاؤ نہیں

❖❖❖

خدا کے واسطے شانہ مرا ہلاؤ نہیں
"میں خواب دیکھ رہا ہوں مجھے جگاؤ نہیں"
میں مسکراتا ہوا کیسا لگتا ہوں دیکھو
"میں خواب دیکھ رہا ہوں مجھے جگاؤ نہیں"
میں نیند میں تو نہیں ہوں مگر یقیں ہے مجھے
"میں خواب دیکھ رہا ہوں مجھے جگاؤ نہیں"
میسر آیا ہے موقع بڑے دنوں کے بعد
"میں خواب دیکھ رہا ہوں مجھے جگاؤ نہیں"
سزا نہ دو مری ان بے قصور آنکھوں کو
"میں خواب دیکھ رہا ہوں مجھے جگاؤ نہیں"
مرے قریب ، بہت ہی قریب ہے وہ کمالؔ
"میں خواب دیکھ رہا ہوں مجھے جگاؤ نہیں"

❖❖❖

تضمینی غزل

(برمصرع ارشد جمال حشمی)

وہ کرتی ہے آغاز تو یہ لکھتی ہے انجام
وہ دھار ہے تلوار کی یہ دھار لہو کی

❖❖❖

لے کاٹ بھی تو دیکھ مرے یار لہو کی
''وہ دھار ہے تلوار کی یہ دھار لہو کی''
وہ ظلم کا ہتھیار ' یہ مظلوم کی طاقت
''وہ دھار ہے تلوار کی یہ دھار لہو کی''
وہ کاٹتی ہے سر تو یہ کرتی ہے جگر چاک
''وہ دھار ہے تلوار کی یہ دھار لہو کی''
وہ خون بہا دیتی ہے یہ خوں بہا مانگے
''وہ دھار ہے تلوار کی یہ دھار لہو کی''
وہ کند بھی ہوسکتی ہے یہ تیز رہے گی
''وہ دھار ہے تلوار کی یہ دھار لہو کی''

❖❖❖

تضمینی غزل

(برمصرع ارشد جمال صارمؔ)

عطا ہوا ہے شعور مزاحمت مجھ کو
چراغ ہوں میں، ہواؤں کی زد پہ رکھا ہوں

❖❖❖

بوقت شام دعاؤں کی زد پہ رکھا ہوں
''چراغ ہوں میں، ہواؤں کی زد پہ رکھا ہوں''
لڑوں کہ روشنی کرتا رہوں کہ بجھ جاؤں
''چراغ ہوں میں، ہواؤں کی زد پہ رکھا ہوں''
تو ماہتاب ہے اور آسماں پہ روشن ہے
''چراغ ہوں میں، ہواؤں کی زد پہ رکھا ہوں''
ستم کے مارو، مری طرح احتجاج کرو
''چراغ ہوں میں، ہواؤں کی زد پہ رکھا ہوں''
بجھا نہیں ہوں ابھی تک تو حوصلہ ہے مرا
''چراغ ہوں میں، ہواؤں کی زد پہ رکھا ہوں''
تماش بین ہیں سارے مہ و نجوم کمالؔ
''چراغ ہوں میں، ہواؤں کی زد پہ رکھا ہوں''

❖❖❖

تضمینی غزل

(بر مصرع اصغر شمیم)

سوچتا ہوں تو بہت ہوتی ہے حیرانی مجھے
چھوڑ کر جاتی نہیں ہے دل کی ویرانی مجھے

❖ ❖ ❖

زیر کر لیتے ہیں کیسے لوگ با آسانی مجھے
"سوچتا ہوں تو بہت ہوتی ہے حیرانی مجھے"
کیوں نہیں ہوتی ہے حیرانی کسی بھی بات پر
"سوچتا ہوں تو بہت ہوتی ہے حیرانی مجھے"
میں تو زندہ ہی نہیں ہوں، چل رہی ہے سانس کیوں
"سوچتا ہوں تو بہت ہوتی ہے حیرانی مجھے"
اچھا تو دنیا یہی ہے! ایک چھوٹی گیند سی!!
"سوچتا ہوں تو بہت ہوتی ہے حیرانی مجھے"
اتنے سارے خواب ٹوٹے، آنکھ کیوں پھوٹی نہیں
"سوچتا ہوں تو بہت ہوتی ہے حیرانی مجھے"

❖ ❖ ❖

تضمینی غزل

(برمصرع افضال عاقلؔ)

یوں بھی جہاد کرتے رہے زندگی سے ہم
کرنیں نچوڑتے رہے بس تیرگی سے ہم

❖❖❖

ہر راستے پہ چلتے رہے کج روی سے ہم
"یوں بھی جہاد کرتے رہے زندگی سے ہم"
ہم زندگی کے ساتھ رہے اور چپ رہے
"یوں بھی جہاد کرتے رہے زندگی سے ہم"
جینے کی کوئی چاہ نہ تھی پھر بھی ہم جئے
"یوں بھی جہاد کرتے رہے زندگی سے ہم"
اک ایک سانس لیتے رہے، چھوڑتے رہے
"یوں بھی جہاد کرتے رہے زندگی سے ہم"
کوشش تمہیں بھلانے کی کرتے رہے سدا
"یوں بھی جہاد کرتے رہے زندگی سے ہم"

❖❖❖

تضمینی غزل

(برمصرع افضل منہاسؔ)

میں اپنے دل میں نئے خواہشیں جگائے ہوئے
"کھڑا ہوا ہوں ہوا میں قدم جمائے ہوئے"

❖❖❖

زمانہ بیت گیا ہے یہ بار اٹھائے ہوئے
"کھڑا ہوا ہوں ہوا میں قدم جمائے ہوئے"

فلک بلاتا ہے مجھ کو، زمین کھینچتی ہے
"کھڑا ہوا ہوں ہوا میں قدم جمائے ہوئے"

جگر یہ میرا ہے یارو ہنر یہ میرا ہے
"کھڑا ہوا ہوں ہوا میں قدم جمائے ہوئے"

ہے منتظر یہ زمانہ مرے پھسلنے کا
"کھڑا ہوا ہوں ہوا میں قدم جمائے ہوئے"

کوئی تو میری زمیں لاکے میرے نیچے رکھے
"کھڑا ہوا ہوں ہوا میں قدم جمائے ہوئے"

جہاں زمیں پہ کھڑے رہنا بھی نہیں آساں
"کھڑا ہوا ہوں ہوا میں قدم جمائے ہوئے"

ہلا نہ پایا مجھے آج تک کوئی اے کمالؔ
"کھڑا ہوا ہوں ہوا میں قدم جمائے ہوئے"

❖❖❖

تضمینی غزل

(برمصرع اقبال صفی پوری)

گردشوں میں بھی ہم راستہ پاگئے
جس گلی سے چلے تھے وہیں آگئے

❖❖❖

اپنے ہمزاد سے آج ٹکرا گئے
”جس گلی سے چلے تھے وہیں آگئے“
ہم خودی سے چلے تھے خدا کی طرف
”جس گلی سے چلے تھے وہیں آگئے“
کل اکیلے میں تنہا تھے محفل میں آج
”جس گلی سے چلے تھے وہیں آگئے“
دائرے کی طرح ہم کو رستہ ملا
”جس گلی سے چلے تھے وہیں آگئے“
اب سفر کی صعوبت سوا ہوگئی
”جس گلی سے چلے تھے وہیں آگئے“
آج منزل پہ آ کر پتا یہ چلا
”جس گلی سے چلے تھے وہیں آگئے“

❖❖❖

احمد کمالؔ حشمی

تضمینی غزل

(برمصرع اکرم نقاش)

یہ بازگشت اگر ہے تو پھر کہاں ہے تو
میں کب تلک تجھے دیتا رہوں صدا یونہی

❖❖❖

تمام عمر رہے گا تو کیا خفا یونہی
"میں کب تلک تجھے دیتا رہوں صدا یونہی"

کبھی تو میری طرف دیکھ اے مری دنیا
"میں کب تلک تجھے دیتا رہوں صدا یونہی"

یہ کیسے کام پہ مامور کر دیا مجھ کو
"میں کب تلک تجھے دیتا رہوں صدا یونہی"

تو کب تلک نظر انداز یوں کرے گا مجھے
"میں کب تلک تجھے دیتا رہوں صدا یونہی"

اگر تجھے نہیں آنا ہے تو بتا دے مجھے
"میں کب تلک تجھے دیتا رہوں صدا یونہی"

کبھی کسی نے تجھے اس قدر پکارا کیا
"میں کب تلک تجھے دیتا رہوں صدا یونہی"

❖❖❖

تضمینی غزل

(برمصرع امان اللہ ساغرؔ)

لوگ بے نام سے عکسوں کا پتہ پوچھتے ہیں
جی میں آتا ہے کہ آئینے سے پتھر ہوجائیں

❖❖❖

پہلے ہم جیسے تھے ویسے ہی مکرّر ہوجائیں
''جی میں آتا ہے کہ آئینے سے پتھر ہوجائیں''
ہم ستم سہہ کے نہ اک روز ستمگر ہوجائیں
''جی میں آتا ہے کہ آئینے سے پتھر ہوجائیں''
ٹوٹتے ٹوٹتے ہم ٹوٹ نہ جائیں اک دن
''جی میں آتا ہے کہ آئینے سے پتھر ہوجائیں''
جی میں آیا تھا تو پتھر سے ہم آئینہ ہوئے
''جی میں آتا ہے کہ آئینے سے پتھر ہوجائیں''
ہم اگر عکس ابھاریں تو وہ بھگوان بنے
''جی میں آتا ہے کہ آئینے سے پتھر ہوجائیں''
عکس دکھلانے سے آتی ہی نہیں شرم اسے
''جی میں آتا ہے کہ آئینے سے پتھر ہوجائیں''
وقت کے ساتھ بدل جانا ہی بہتر ہے کمالؔ
''جی میں آتا ہے کہ آئینے سے پتھر ہوجائیں''

❖❖❖

احمد کمالؔ حشمی

تضمینی غزل

(برمصرع انجم عظیم آبادی)

چلنا تھا شرط منزل مقصود کے لئے
میں دوسروں کو راہ بتانے میں رہ گیا

❖❖❖

تنہا اسی لئے میں زمانے میں رہ گیا
"میں دوسروں کو راہ بتانے میں رہ گیا"
جو خود نہ بن سکا وہ بنانے میں رہ گیا
"میں دوسروں کو راہ بتانے میں رہ گیا"
آواز دے رہی تھیں مجھے میری منزلیں
"میں دوسروں کو راہ بتانے میں رہ گیا"
پھر یوں ہوا کہ ہنسنے لگا مجھ پہ سنگ میل
"میں دوسروں کو راہ بتانے میں رہ گیا"
اب طعنے سن رہا ہوں بہت سست گامی کے
"میں دوسروں کو راہ بتانے میں رہ گیا"
تھے میرے دونوں پاؤں سلامت مگر کمالؔ
"میں دوسروں کو راہ بتانے میں رہ گیا"

❖❖❖

تضمینی غزل

(بر مصرع انور شعور)

دیکھنا چاہئے حالات کا روشن پہلو
رونے والوں سے سمجھدار ہیں گانے والے

❖❖❖

کتنے چالاک ہیں غم اپنا چھپانے والے
"رونے والوں سے سمجھدار ہیں گانے والے"
رونے والوں کو کبھی جاکے بتائے کوئی
"رونے والوں سے سمجھدار ہیں گانے والے"
سننے والوں کو بھی کرلیتے ہیں غم میں شامل
"رونے والوں سے سمجھدار ہیں گانے والے"
داستاں غم کی توجہ سے سنیں گے سب لوگ
"رونے والوں سے سمجھدار ہیں گانے والے"
ان کے اظہارِ غمِ دل کا طریقہ ہے لطیف
"رونے والوں سے سمجھدار ہیں گانے والے"
دل کی ہر آہ پہ سو واہ نکلتی ہے کمالؔ
"رونے والوں سے سمجھدار ہیں گانے والے"

❖❖❖

تضمینی غزل

(بر مصرعِ انور شمیم)

سارے جھگڑوں کو ہی اب حل کر دیا ہے
میں نے دروازہ مقفل کر دیا ہے

❖❖❖

ہجر ادھورا تھا، مکمل کر دیا ہے
"میں نے دروازہ مقفل کر دیا ہے"

یاد اس کی اب نہیں آتی کہ دل کا
"میں نے دروازہ مقفل کر دیا ہے"

اس کے وعدے پر یقیں مجھ کو نہیں ہے
"میں نے دروازہ مقفل کر دیا ہے"

لکھ کے تختی ایک "استقبال ہے" کی
"میں نے دروازہ مقفل کر دیا ہے"

دستکیں دے دے کہ اب تھک جائیگا وہ
"میں نے دروازہ مقفل کر دیا ہے"

خود کو اندر چھوڑ کر باہر نکل کر
"میں نے دروازہ مقفل کر دیا ہے"

اپنی تنہائی کو اپنے ساتھ لے کر
"میں نے دروازہ مقفل کر دیا ہے"

❖❖

تضمینی غزل

(برمصرع انور صابری)

جینے والے ترے بغیر اے دوست
مرنہ جاتے تو اور کیا کرتے

❖❖❖

کب تلک اس سے التجا کرتے
"مرنہ جاتے تو اور کیا کرتے"

اس نے ناز و ادا سے دیکھا تھا
"مرنہ جاتے تو اور کیا کرتے"

زندہ رہنے کا فن نہیں آیا
"مرنہ جاتے تو اور کیا کرتے"

شرم سے اس کی بیوفائی پر
"مرنہ جاتے تو اور کیا کرتے"

موت نے پیار سے پکارا تھا
"مرنہ جاتے تو اور کیا کرتے"

❖❖❖

تضمینی غزل

(برمصرع بدیع الزماں خاور)

کہاں سے خنجر و شمشیر آزماتا میں
مرے عدو سے مرا سامنا ہوا ہی نہیں

❖❖❖

لڑائی کس سے ہے میری ' مجھے پتا ہی نہیں
''مرے عدو سے مرا سامنا ہوا ہی نہیں''
کوئی بھی زخم لگا ہی نہیں ہے سینے پر
''مرے عدو سے مرا سامنا ہوا ہی نہیں''
کٹی ہے عمر مری دوستوں سے بچنے میں
''مرے عدو سے مرا سامنا ہوا ہی نہیں''
مجھے عدو سے لڑا یا گیا ' مگر اب تک
''مرے عدو سے مرا سامنا ہوا ہی نہیں''
عجب تماشا ہے بزدل کہا گیا مجھ کو
''مرے عدو سے مرا سامنا ہوا ہی نہیں''
کمالؔ! تیغ مری ہوگئی ہے زنگ آلود
''مرے عدو سے مرا سامنا ہوا ہی نہیں''

❖❖❖

تضمینی غزل

(برمصرع بسمل عظیم آبادی)

سر فروشی کی تمنا اب ہمارے دل میں ہے
دیکھنا ہے زور کتنا بازوئے قاتل میں ہے

❖❖❖

اب یہ جذبہ دیکھ کر عالم بڑی مشکل میں ہے
''سر فروشی کی تمنا اب ہمارے دل میں ہے''
بڑھتے بڑھتے ظلم اپنی انتہا کو آگیا
''سر فروشی کی تمنا اب ہمارے دل میں ہے''
سر قلم کرنے کی دھمکی ہم پہ ہوگی بے اثر
''سر فروشی کی تمنا اب ہمارے دل میں ہے''
ہر گلی ہر راستے سے اٹھ رہی ہے یہ صدا
''سر فروشی کی تمنا اب ہمارے دل میں ہے''
سر بچانے کی تمنا اب نہیں باقی کمالؔ
''سر فروشی کی تمنا اب ہمارے دل میں ہے''

❖❖❖

تضمینی غزل

(بر مصرع بشر نواز)

جیسے دشمن ہی نہیں کوئی مرا اپنے سوا
لوٹ آتا ہے مری سمت ہی پتھر میرا

❖❖❖

چلا آتا ہے نشانے پہ مرے، سر میرا
"لوٹ آتا ہے مری سمت ہی پتھر میرا"

بن کے آئینہ وہ چہرہ مرا دکھلاتا ہے
"لوٹ آتا ہے مری سمت ہی پتھر میرا"

جانے دشمن کو مرے کیسا ہنر آتا ہے
"لوٹ آتا ہے مری سمت ہی پتھر میرا"

میں چلاتا ہوں تو پھل شاخ سے گرتا ہی نہیں
"لوٹ آتا ہے مری سمت ہی پتھر میرا"

ایک شیشے پہ ستم کا ہے نتیجہ شاید
"لوٹ آتا ہے مری سمت ہی پتھر میرا"

میرا آئینہ خفا رہنے لگا ہے مجھ سے
"لوٹ آتا ہے مری سمت ہی پتھر میرا"

میں گنہگار سے بڑھ کر ہوں گنہگار کمالؔ
"لوٹ آتا ہے مری سمت ہی پتھر میرا"

❖❖❖

تضمینی غزل

(برمصرع بشیر بدر)

اب شب ہجر بھی نہیں آتی
ان دنوں ہم بہت اکیلے ہیں

❖❖❖

ہر طرف زندگی کے میلے ہیں
”ان دنوں ہم بہت اکیلے ہیں“
نہ ترا غم ' نہ تیری یاد ' نہ تو
”ان دنوں ہم بہت اکیلے ہیں“
سوچتے ہیں کہ خود سے مل لیں ہم
”ان دنوں ہم بہت اکیلے ہیں“
اے غم زندگی قریب تو آ
”ان دنوں ہم بہت اکیلے ہیں“
ان دنوں شاعری عروج پہ ہے
”ان دنوں ہم بہت اکیلے ہیں“
کل تلک ہم ہی جانِ محفل تھے
”ان دنوں ہم بہت اکیلے ہیں“

❖❖❖

تضمینی غزل

(برمصرع پروین شاکر)

کہاں سے آتی کرن زندگی کے زنداں میں
وہ گھر ملا تھا مجھے جس میں کوئی در ہی نہ تھا

❖ ❖ ❖

میں چھپ کے بیٹھا تھا محفوظ، کوئی ڈر ہی نہ تھا
"وہ گھر ملا تھا مجھے جس میں کوئی در ہی نہ تھا"

خوش آمدید تو لکھ رکھا تھا کسی نے، مگر
"وہ گھر ملا تھا مجھے جس میں کوئی در ہی نہ تھا"

تمام عمر رہا تھا میں خانماں برباد
"وہ گھر ملا تھا مجھے جس میں کوئی در ہی نہ تھا"

خدا کا شکر سلامت ہے میری در بدری
"وہ گھر ملا تھا مجھے جس میں کوئی در ہی نہ تھا"

امید رہتی ہے، زنداں کا در کھلے گا کبھی
"وہ گھر ملا تھا مجھے جس میں کوئی در ہی نہ تھا"

مجھے دکھایا گیا اک ادھورا خواب کمالؔ
"وہ گھر ملا تھا مجھے جس میں کوئی در ہی نہ تھا"

❖ ❖ ❖

تضمینی غزل

(برمصرع پروین شاکر)

دعا کا ٹوٹا ہوا حرف سرد آہ میں ہے
تری جدائی کا منظر ابھی نگاہ میں ہے

❖❖❖

ہمارا دل تو ابھی تک تری پناہ میں ہے
"تری جدائی کا منظر ابھی نگاہ میں ہے"
تجھے جدا ہوئے برسوں گزر گئے لیکن
"تری جدائی کا منظر ابھی نگاہ میں ہے"
گیا نہیں ہے مرے دل کا سونا پن اب تک
"تری جدائی کا منظر ابھی نگاہ میں ہے"
شجر پہ بیٹھے پرندے مجھے رلاتے ہیں
"تری جدائی کا منظر ابھی نگاہ میں ہے"
پسند آتے نہیں ہیں وصال کے قصے
"تری جدائی کا منظر ابھی نگاہ میں ہے"
سنائی دیتی ہے اب تک وہ ریل کی سیٹی
"تری جدائی کا منظر ابھی نگاہ میں ہے"
کھلا ہوا نظر آتا ہے بند دروازہ
"تری جدائی کا منظر ابھی نگاہ میں ہے"

❖❖❖

احمد کمالؔ حشمی

تضمینی غزل

(برمصرع تاباں عبدالحیٔ)

کس کس طرح کی دل میں گزرتی ہیں حسرتیں
ہے وصل سے زیادہ مزہ انتظار کا

❖❖❖

یہ تجربہ ہے میرے دلِ بیقرار کا
"ہے وصل سے زیادہ مزہ انتظار کا"
مدت ہے اس کی مختصر' اس کی طویل ہے
"ہے وصل سے زیادہ مزہ انتظار کا"
آیا نہیں وہ' اس کا یہ پیغام آیا ہے
"ہے وصل سے زیادہ مزہ انتظار کا"
اس نے یہ کہہ کے وعدہ وفا ہی نہیں کیا
"ہے وصل سے زیادہ مزہ انتظار کا"
بہلا رہا ہوں خود کو یہی کہہ کے بار بار
"ہے وصل سے زیادہ مزہ انتظار کا"
اک بار انتظار کسی کا تو کر کمالؔ
"ہے وصل سے زیادہ مزہ انتظار کا"

❖❖❖

تضمینی غزل

(برمصرع تہذیب حافی)

ترے لگائے ہوئے زخم کیوں نہیں بھرتے
مرے لگائے ہوئے پیڑ سوکھ جاتے ہیں

❖❖❖

کبھی کبھی مجھے ایسے بھی خواب آتے ہیں
"مرے لگائے ہوئے پیڑ سوکھ جاتے ہیں"
نہ جانے کیسی ہوا نے گھٹا سے سازش کی
"مرے لگائے ہوئے پیڑ سوکھ جاتے ہیں"
تجھے بلاتے ہیں' تکتے ہیں اور اس کے بعد
"مرے لگائے ہوئے پیڑ سوکھ جاتے ہیں"
وہ خواب ہوں' مرے ارمان ہوں کہ امیدیں
"مرے لگائے ہوئے پیڑ سوکھ جاتے ہیں"
جڑوں میں کوئی تو تیزاب ڈالتا ہے کمالؔ
"مرے لگائے ہوئے پیڑ سوکھ جاتے ہیں"

❖❖❖

تضمینی غزل

(برمصرع جعفر شیرازی)

یہ گھڑی کوئی فراموش نہیں کرسکتا میری آنکھوں میں ہے اک خواب سہانا اس وقت

❖❖❖

میری نظروں میں ہے دنیا نہ زمانہ اس وقت
''میری آنکھوں میں ہے اک خواب سہانا اس وقت''
آج کی رات مجھے نیند نہیں آسکتی
''میری آنکھوں میں ہے اک خواب سہانا اس وقت''
میری آنکھوں کی چمک پر یوں نہ حیرت کیجیے
''میری آنکھوں میں ہے اک خواب سہانا اس وقت''
سامنے تو ہے کہ یہ تیرا ہیولا ہے یہاں
''میری آنکھوں میں ہے اک خواب سہانا اس وقت''
بند پلکوں کو ابھی کھول نہیں پاؤں گا
''میری آنکھوں میں ہے اک خواب سہانا اس وقت''
رات کا وقت ہے' تنہائی ہے' میں ہوں' وہ ہے
''میری آنکھوں میں ہے اک خواب سہانا اس وقت''
مجھ کو ہر چیز سہانی نظر آتی ہے کمالؔ
''میری آنکھوں میں ہے اک خواب سہانا اس وقت''

❖❖❖

تضمینی غزل

(بر مصرع جگر بریلوی)

آج کیا جانے کیا ہے ہونے کو
جی بہت چاہتا ہے رونے کو

❖❖❖

آج کی شب نہیں میں سونے کو
"جی بہت چاہتا ہے رونے کو"

ہنستے ہنستے میں تھک گیا اتنا
"جی بہت چاہتا ہے رونے کو"

کیا پتا کون سا ہے غم مجھ کو
"جی بہت چاہتا ہے رونے کو"

ہنسنے والوں کو دیکھ کر ہنستے
"جی بہت چاہتا ہے رونے کو"

کوئی کاندھا ملے تو سر رکھ کر
"جی بہت چاہتا ہے رونے کو"

کوئی غم تو نہیں مگر پھر بھی
"جی بہت چاہتا ہے رونے کو"

❖❖❖

تضمینی غزل

(برمصرع جگرمرادآبادی)

آگے قدم بڑھائیں جنہیں سوجھتا نہیں
روشن چراغ راہ کئے جا رہا ہوں میں

❖❖❖

ظلمت کو انتباہ کئے جا رہا ہوں میں
"روشن چراغ راہ کئے جا رہا ہوں میں"
آندھی چراغ راہ کئے جا رہی ہے گل
"روشن چراغ راہ کئے جا رہا ہوں میں"
جس کو بھی آنا ہو وہ میرے پیچھے پیچھے آئے
"روشن چراغ راہ کئے جا رہا ہوں میں"
ماہ و نجوم چھپ گئے بادل کی اوٹ میں
"روشن چراغ راہ کئے جا رہا ہوں میں"
خونِ جگر کبھی تو کبھی دے کے خونِ دل
"روشن چراغ راہ کئے جا رہا ہوں میں"
ٹھوکر نہ میری طرح کوئی کھائے پھر کمالؔ
"روشن چراغ راہ کئے جا رہا ہوں میں"

❖❖❖

تضمینی غزل

(برمصرع جگر مراد آبادی)

صبح تک ہجر میں کیا جانئے کیا ہوتا ہے
شام ہی سے مرے قابو میں نہیں دل میرا

❖❖❖

تیرا وعدہ کہیں بن نہ جائے قاتل میرا
''شام ہی سے مرے قابو میں نہیں دل میرا''
شام ہی سے میں کسی اور ہی دنیا میں ہوں
''شام ہی سے مرے قابو میں نہیں دل میرا''
ان کے آنے کا نہ وعدہ نہ خبر ہے تو کیوں
''شام ہی سے مرے قابو میں نہیں دل میرا''
یہ ہمکتا ہے' مچلتا ہے' تڑپتا ہے بہت
''شام ہی سے مرے قابو میں نہیں دل میرا''
رات آئے گی تو کیا ہوگا خدا ہی جانے
''شام ہی سے مرے قابو میں نہیں دل میرا''
یہ مرا ہو کے بھی میری نہیں سنتا ہے کمالؔ
''شام ہی سے مرے قابو میں نہیں دل میرا''

❖❖❖

تضمینی غزل

(بر مصرعِ جمال احسانی)

پہچان کی نہیں ہے یہ عرفان کی ہے بات
"تختی کوئی نہیں مرے گھر پر لگی ہوئی"

❖❖❖

تصویر تیری ہے مرے در پر لگی ہوئی
"تختی کوئی نہیں مرے گھر پر لگی ہوئی"

اس تختیوں کے شہر میں ہے پہچان یہ مری
"تختی کوئی نہیں مرے گھر پر لگی ہوئی"

اک میں ہی پورے شہر میں ہوں معمولی آدمی
"تختی کوئی نہیں مرے گھر پر لگی ہوئی"

میں روز پوچھتا ہوں یہ کس کا مکان ہے
"تختی کوئی نہیں مرے گھر پر لگی ہوئی"

میں اپنے گھر کا راستہ خود بھول جاتا ہوں
"تختی کوئی نہیں مرے گھر پر لگی ہوئی"

میرے پڑوسیوں کو بڑی فکر ہے کہ کیوں
"تختی کوئی نہیں مرے گھر پر لگی ہوئی"

❖❖❖

تضمینی غزل

(برمصرع حشم الرمضان)

ڈوبنے والے کو تنکے کا سہارا کم نہیں
روشنی پھر روشنی ہے لاکھ وہ مدھم لگے

❖❖❖

"کچھ نہیں" جب ہوتا ہے تو اس سے اچھا "کم" لگے
"روشنی پھر روشنی ہے لاکھ وہ مدھم لگے"
سرسری نظروں سے اس کا دیکھنا بھی کم نہیں
"روشنی پھر روشنی ہے لاکھ وہ مدھم لگے"
دل نے اس کے جھوٹے وعدے پر بھروسہ کرلیا
"روشنی پھر روشنی ہے لاکھ وہ مدھم لگے"
اک تبسم سے بھڑک اٹھتا ہے شعلہ عشق کا
"روشنی پھر روشنی ہے لاکھ وہ مدھم لگے"
ہم نے تھوڑے پر گزارہ کر لیا یہ سوچ کر
"روشنی پھر روشنی ہے لاکھ وہ مدھم لگے"
جگنوؤں کا جھلملانا کم نہیں احمد کمالؔ
"روشنی پھر روشنی ہے لاکھ وہ مدھم لگے"

❖❖❖

تضمینی غزل

(بر مصرع حنیف ساجد)

انقلاب صبح کی کچھ کم نہیں یہ بھی دلیل
پتھروں کو دے رہے ہیں آئینے کھل کر جواب

❖❖❖

دل میں دہشت کر رہا ہے پیدا ان کا ہر جواب
''پتھروں کو دے رہے ہیں آئینے کھل کر جواب''
اور اس سے کیا بھلا ہوگا کوئی بہتر جواب
''پتھروں کو دے رہے ہیں آئینے کھل کر جواب''
بڑھتے بڑھتے خوف نے بے خوف ان کو کر دیا
''پتھروں کو دے رہے ہیں آئینے کھل کر جواب''
گھپ اندھیرے میں دکھائی دے رہی ہے روشنی
''پتھروں کو دے رہے ہیں آئینے کھل کر جواب''
اے ستمگر! ہوش میں آ ' کھول آنکھیں' دیکھ لے
''پتھروں کو دے رہے ہیں آئینے کھل کر جواب''
خوف' دہشت' ڈر کمالؔ اب ہوگئے کافور سب
''پتھروں کو دے رہے ہیں آئینے کھل کر جواب''

❖❖❖

تضمینی غزل

(برمصرع خواجہ جاوید اختر)

ہم نے تو نمائش بھی لگائی نہیں پھر بھی
بازار میں چل جاتا ہے ہر مال ہمارا

❖❖❖

ہر ایک سے بہتر ہے یہاں حال ہمارا
"بازار میں چل جاتا ہے ہر مال ہمارا"

پیتل پہ چڑھا دیتے ہیں سونے کا ملمع
"بازار میں چل جاتا ہے ہر مال ہمارا"

ہم لوگ کیا کرتے ہیں خوابوں کی تجارت
"بازار میں چل جاتا ہے ہر مال ہمارا"

شو کیس حسیں اتنا بنا رکھا ہے ہم نے
"بازار میں چل جاتا ہے ہر مال ہمارا"

آواز لگانے کا ہنر اپنا جدا ہے
"بازار میں چل جاتا ہے ہر مال ہمارا"

❖❖❖

تضمینی غزل

(برمصرع خورشید اکبر)

اے ساعت زوال پشیماں ہے کس لئے
ہم ہیں ترے غلام رہائی کے بعد بھی

❖❖❖

لگتا ہے تو ہے ساتھ جدائی کے بعد بھی
''ہم ہیں ترے غلام رہائی کے بعد بھی''
تو ہے دل و دماغ پہ قابض ابھی تلک
''ہم ہیں ترے غلام رہائی کے بعد بھی''
چھوڑا ہے تو نے ساتھ' تری یاد نے نہیں
''ہم ہیں ترے غلام رہائی کے بعد بھی''
کھولا درِ قفس تو کتر ڈالے سارے پَر
''ہم ہیں ترے غلام رہائی کے بعد بھی''
راس آگئی ہے ہم کو تری قید اس قدر
''ہم ہیں ترے غلام رہائی کے بعد بھی''
اچھا بہت لگا تھا کمالؔ! اس نے جب کہا
''ہم ہیں ترے غلام رہائی کے بعد بھی''

❖❖❖

تضمینی غزل

(برمصرع خورشید احمد ملک)

تشنہ لبوں کی بھیڑ لگی تھی وہاں مگر
رسی کنوئیں میں ڈالی گئی ڈول کے بغیر

❖❖❖

اے تشنگی ہماری تو خوش فہمیوں میں تیر
''رسی کنوئیں میں ڈالی گئی ڈول کے بغیر''
اے یار' تیرے وعدے پہ وعدہ بھی خوب ہے
''رسی کنوئیں میں ڈالی گئی ڈول کے بغیر''
منظر یہ دیکھا آج کے حاتم کے شہر میں
''رسی کنوئیں میں ڈالی گئی ڈول کے بغیر''
پیاسوں کی بھیڑ بڑھتی گئی بڑھتی ہی گئی
''رسی کنوئیں میں ڈالی گئی ڈول کے بغیر''
اے یار' تیرا وصل کا وعدہ بھی خوب ہے
''رسی کنوئیں میں ڈالی گئی ڈول کے بغیر''
مجھو یقیں ہے پانی بھی ہوگا نہیں کمالؔ
''رسی کنوئیں میں ڈالی گئی ڈول کے بغیر''

❖❖❖

تضمینی غزل

(بر مصرع خورشید طلب)

سبب اس کی پریشانی کا میں ہوں
نمک کی فصل وہ، پانی کا میں ہوں

❖❖❖

وہ ساحل کا ہے، طغیانی کا میں ہوں
"سبب اس کی پریشانی کا میں ہوں"

میں اس کو یاد آ جاتا ہوں اکثر
"سبب اس کی پریشانی کا میں ہوں"

میں آئینہ ہوں، وہ ہے مسخ چہرہ
"سبب اس کی پریشانی کا میں ہوں"

پریشاں وہ یونہی رہتا نہیں ہے
"سبب اس کی پریشانی کا میں ہوں"

مرے بارے میں دنیا سوچتی ہے
"سبب اس کی پریشانی کا میں ہوں"

سبب میری پریشانی کا وہ ہے
"سبب اس کی پریشانی کا میں ہوں"

❖❖❖

تضمینی غزل

(بر مصرع خورشید طلب)

تعلقات کے ڈھیتے ہوئے کھنڈر میں ہوں
یقین ہی نہیں آتا میں اپنے گھر میں ہوں

❖❖❖

سفر کے بعد بھی لگتا ہے میں سفر میں ہوں
"یقین ہی نہیں آتا میں اپنے گھر میں ہوں"
کبھی قفس تو کبھی دشت جیسا لگتا ہے
"یقین ہی نہیں آتا میں اپنے گھر میں ہوں"
تو اب نہیں ہے تو چاروں طرف اداسی ہے
"یقین ہی نہیں آتا میں اپنے گھر میں ہوں"
وہی دریچہ ' وہی در ' وہی ہیں دیواریں؟
"یقین ہی نہیں آتا میں اپنے گھر میں ہوں"
یقیں کرنے کی کوشش میں کر رہا ہوں ' مگر
"یقین ہی نہیں آتا میں اپنے گھر میں ہوں"
یہ کون لوگ ہیں جو ساتھ رہ رہے ہیں کمالؔ
"یقین ہی نہیں آتا میں اپنے گھر میں ہوں"

❖❖❖

تضمینی غزل

(برمصرع خورشید طلب)

پیٹھ سے اپنی ہوا کو روکتا
اک چراغِ رہگزر ہے اور میں

❖❖❖

زیست کا لمبا سفر ہے اور میں
"اک چراغ رہگزر ہے اور میں"
روشنی کے استعارے دونوں ہیں
"اک چراغ رہگزر ہے اور میں"
ظلمتیں ہیں ' آندھیاں ہیں اور بس
"اک چراغ رہگزر ہے اور میں"
شام ہی سے انتظار یار میں
"اک چراغ رہگزر ہے اور میں"
جلتے جلتے دونوں بجھنے کے قریب
"اک چراغ رہگزر ہے اور میں"
ایک دوجے کا سہارا ہیں ' کمالؔ
"اک چراغ رہگزر ہے اور میں"

❖❖❖

تضمینی غزل

(برمصرع دلاور علی آزرؔ)

کاش پہلے دن سے ہم پر آئنہ ہوتا یہ راز
جو کبھی پورا نہ ہوگا وہ ہمارا خواب ہے

❖❖❖

آنکھ دیکھے جارہی ہے' دل مگر بیتاب ہے
"جو کبھی پورا نہ ہوگا وہ ہمارا خواب ہے"
وصل ہو' پھر وصل ہو' پھر وصل ہو' پھر وصل ہو
"جو کبھی پورا نہ ہوگا وہ ہمارا خواب ہے"
دیکھنا تو چھوڑ ہم سکتے نہیں اس خوف سے
"جو کبھی پورا نہ ہوگا وہ ہمارا خواب ہے"
دیکھتے ہیں ہم مگر یہ بھی ہمیں معلوم ہے
"جو کبھی پورا نہ ہوگا وہ ہمارا خواب ہے"
جو کبھی بھی حل نہ ہو گا وہ ہمارا مسئلہ
"جو کبھی پورا نہ ہوگا وہ ہمارا خواب ہے"
چھو نہ پائیں گے کبھی ہم آسماں کو اے کمالؔ
"جو کبھی پورا نہ ہوگا وہ ہمارا خواب ہے"

❖❖❖

تضمینی غزل

(برمصرع ذکی طارق)

جب چمن میں گلاب اُگتے ہیں
میری آنکھوں میں خواب اُگتے ہیں

❖❖❖

رات دن بے حساب اگتے ہیں
"میری آنکھوں میں خواب اُگتے ہیں"
میری آنکھیں بھی باغ جیسی ہیں
"میری آنکھوں میں خواب اُگتے ہیں"
کیا کروں ' موسم خزاں میں بھی
"میری آنکھوں میں خواب اُگتے ہیں"
نیند آنکھوں میں اب نہیں اُگتی
"میری آنکھوں میں خواب اُگتے ہیں"
اس قدر معتدل ہے آب و ہوا
"میری آنکھوں میں خواب اُگتے ہیں"
اک نظر اس کے دیکھنے سے کمالؔ
"میری آنکھوں میں خواب اُگتے ہیں"

❖❖❖

تضمینی غزل

(بر مصرع راحت اندوری)

دھوکا مجھے دئے پہ ہوا آفتاب کا
ذکر شراب میں بھی نشہ ہے شراب کا

❖❖❖

اک ایک لفظ پڑھتے رہو انتساب کا
"ذکر شراب میں بھی نشہ ہے شراب کا"

اس دلربا کی بات کرو میرے سامنے
"ذکر شراب میں بھی نشہ ہے شراب کا"

کہتا ہوں اس کے حسن پہ میں روز اک غزل
"ذکر شراب میں بھی نشہ ہے شراب کا"

واعظ بھی وعظ کرتا ہے قصداً شراب پر
"ذکر شراب میں بھی نشہ ہے شراب کا"

اس کی وفا نہیں تو جفا کا ہی ذکر ہو
"ذکر شراب میں بھی نشہ ہے شراب کا"

❖❖❖

تضمینی غزل

(برمصرع راحت حسن)

قائم رہی نہ باغ کی صورت میں دلکشی
ہر پھول کو گلاب سمجھنے کی بھول کی

❖❖❖

پانی کو بھی شراب سمجھنے کی بھول کی
"ہر پھول کو گلاب سمجھنے کی بھول کی"

چہرے تمام ایک طرح کے تھے، دل الگ
"ہر پھول کو گلاب سمجھنے کی بھول کی"

میں دوستوں کو دوست سمجھتا رہا سدا
"ہر پھول کو گلاب سمجھنے کی بھول کی"

رنگوں کے سحر میں فقط، ایسا میں کھو گیا
"ہر پھول کو گلاب سمجھنے کی بھول کی"

ہر آدمی تو آدمی ہوتا نہیں کمالؔ
"ہر پھول کو گلاب سمجھنے کی بھول کی"

❖❖❖

تضمینی غزل

(برمصرع راشد انور راشدؔ)

دل چاہتا ہے گر تو سلیقے سے پیش کر
کرتا نہیں قبول میں پھینکا ہوا گلاب

❖❖❖

پتھر اٹھا کے رکھ لئے ٹھکرا دیا گلاب
"کرتا نہیں قبول میں پھینکا ہوا گلاب"
تم لاکھ بادشاہ سہی ' لاکھ میں فقیر
"کرتا نہیں قبول میں پھینکا ہوا گلاب"
توہین عشق بھی ہے یہ توہینِ حسن بھی
"کرتا نہیں قبول میں پھینکا ہوا گلاب"
نادار میں ضرور ہوں ' خوددار بھی تو ہوں
"کرتا نہیں قبول میں پھینکا ہوا گلاب"
کانٹا بھی گر ملے جو محبت سے' ہے قبول
"کرتا نہیں قبول میں پھینکا ہوا گلاب"
میرا یہ کہنا میری خطا بن گیا کمالؔ
"کرتا نہیں قبول میں پھینکا ہوا گلاب"

❖❖❖

تضمینی غزل

(بر مصرع رسول ساقی)

ہماری نیند اسی بات سے اُڑی ہوئی ہے
بہت دنوں سے اسے خواب میں نہیں دیکھا

❖❖❖

اس ایک چاند کو تالاب میں نہیں دیکھا
"بہت دنوں سے اسے خواب میں نہیں دیکھا"
بہت دنوں سے خفا ہوں میں اپنی آنکھوں سے
"بہت دنوں سے اسے خواب میں نہیں دیکھا"
ملے گا وہ تو میں پہچان پاؤں گا کہ نہیں
"بہت دنوں سے اسے خواب میں نہیں دیکھا"
ہر ایک رات گزرتی ہے رائگاں میری
"بہت دنوں سے اسے خواب میں نہیں دیکھا"
بہت دنوں پہ مجھے یہ ہوا احساس
"بہت دنوں سے اسے خواب میں نہیں دیکھا"
وہ چاہے خوش کہ خفا ہو مگر میں کہہ دوں گا
"بہت دنوں سے اسے خواب میں نہیں دیکھا"

❖❖❖

تضمینی غزل

(برمصرع رضا جونپوری)

ڈھونڈو نہ اس کو جو پس منظر چلا گیا
جس کا سفر تمام ہوا گھر چلا گیا

❖❖❖

چپکے سے اپنی قبر کے اندر چلا گیا
"جس کا سفر تمام ہوا گھر چلا گیا"
ہر ایک آدمی کو بس اپنی پڑی رہی
"جس کا سفر تمام ہوا گھر چلا گیا"
اک ایک کر کے چھوڑ گئے سارے ہمسفر
"جس کا سفر تمام ہوا گھر چلا گیا"
دشوارئ سفر میں بھلا کس سے پوچھتا
"جس کا سفر تمام ہوا گھر چلا گیا"
کس روز ہوگا جانے ہمارا سفر تمام
"جس کا سفر تمام ہوا گھر چلا گیا"
کوئی کسی کے واسطے رکتا نہیں کمالؔ
"جس کا سفر تمام ہوا گھر چلا گیا"

❖❖❖

تضمینی غزل

(بر مصرع رضا علی وحشتؔ)

خیال تک نہ کیا اہل انجمن نے کبھی
تمام رات جلی شمع انجمن کے لئے

❖❖❖

مہ و نجوم تھے روشن فقط گگن کے لئے
"تمام رات جلی شمع انجمن کے لئے"

تمام رات ہوائیں خلاف تھیں، لیکن
"تمام رات جلی شمع انجمن کے لئے"

قصیدے پڑھتے رہے لوگ چاند تاروں کے
"تمام رات جلی شمع انجمن کے لئے"

تمام رات اِدھر میرا دل جلا اور اُدھر
"تمام رات جلی شمع انجمن کے لئے"

سیاہ ابر کا قبضہ تھا چاند تاروں پر
"تمام رات جلی شمع انجمن کے لئے"

بس ایک پھونک سے گل کی گئی بوقت سحر
"تمام رات جلی شمع انجمن کے لئے"

یہ جان کر بھی کہ ہے عمر رات بھر کی، کمالؔ
"تمام رات جلی شمع انجمن کے لئے"

❖❖❖

تضمینی غزل

(برمصرع رؤف خیر)

اور کیا ہوگی بھلا علم و ادب کی توہین
جن کو پڑھنا نہیں آتا وہ پڑھانے نکلے

❖❖❖

جتنے اندھے ہیں ، ہمیں راہ دکھانے نکلے
"جن کو پڑھنا نہیں آتا وہ پڑھانے نکلے"
جن کو چلنا نہیں آتا وہ بنے ہیں رہبر
"جن کو پڑھنا نہیں آتا وہ پڑھانے نکلے"
فلسفہ عشق کا سمجھانے چلے اہل خرد
"جن کو پڑھنا نہیں آتا وہ پڑھانے نکلے"
سر پٹکنے لگیں یہ دیکھ کے دانش گاہیں
"جن کو پڑھنا نہیں آتا وہ پڑھانے نکلے"
میری لکھی ہوئی سب موٹی کتابیں لے کر
"جن کو پڑھنا نہیں آتا وہ پڑھانے نکلے"
اے خدا ، میرے خدا ، پھوڑ دے آنکھیں میری
"جن کو پڑھنا نہیں آتا وہ پڑھانے نکلے"

❖❖❖

احمد کمالؔ حشمی

تضمینی غزل

(بر مصرع رئیس الدین رئیس)

میں اپنی کشتیاں تیرے سپرد کرتا ہوں
تو چاہے آب دے چاہے سراب دے مجھ کو

❖❖❖

مجھے جو دینا ہے وہ بے حساب دے مجھ کو
"تو چاہے آب دے چاہے سراب دے مجھ کو"

یہ میرے لب، مری آنکھیں ترے حوالے ہیں
"تو چاہے آب دے چاہے سراب دے مجھ کو"

یہ میری پیاس ہر اک امتحاں سے گزرے گی
"تو چاہے آب دے چاہے سراب دے مجھ کو"

تری طرف مجھے بے اختیار جانا ہے
"تو چاہے آب دے چاہے سراب دے مجھ کو"

یہ وقت تیری سخاوت کے امتحان کا ہے
"تو چاہے آب دے چاہے سراب دے مجھ کو"

میں اپنے لب تجھے بالکل نہیں دکھاؤں گا
"تو چاہے آب دے چاہے سراب دے مجھ کو"

❖❖❖

تضمینی غزل

(برمصرع ساجد حمید)

ہم یہ سمجھے تھے کہ منزل کے قریب آپہنچے
یہ نیا موڑ تو آغاز سفر لگتا ہے

❖❖❖

یہ کسی پچھلی مسافت کا اثر لگتا ہے
''یہ نیا موڑ تو آغاز سفر لگتا ہے''
جانے کس سمت نکل آئے ہیں چلتے چلتے
''یہ نیا موڑ تو آغاز سفر لگتا ہے''
ہر نئے موڑ پہ اب ہوتا ہے احساس یہی
''یہ نیا موڑ تو آغاز سفر لگتا ہے''
لوٹ جاؤں کہ قدم آگے بڑھاؤں اپنا
''یہ نیا موڑ تو آغاز سفر لگتا ہے''
پہلی بار اس نے مری سمت توجہ دی ہے
''یہ نیا موڑ تو آغاز سفر لگتا ہے''
کیسے اس موڑ پہ کچھ دیر میں ٹھہروں اے کمالؔ
''یہ نیا موڑ تو آغاز سفر لگتا ہے''

❖❖❖

تضمینی غزل

(برمصرع ساحر لدھیانوی)

ہم امن چاہتے ہیں مگر ظلم کے خلاف
گر جنگ لازمی ہے تو پھر جنگ ہی سہی

❖❖❖

جو آپ چاہتے ہیں کریں گے ہم اب وہی
"گر جنگ لازمی ہے تو پھر جنگ ہی سہی"

ہم ناتواں ضرور ہیں بزدل مگر نہیں
"گر جنگ لازمی ہے تو پھر جنگ ہی سہی"

اپنی بقا کے واسطے اے دورِ پرفتن
"گر جنگ لازمی ہے تو پھر جنگ ہی سہی"

مل جل کے سارے شیشوں نے یہ فیصلہ کیا
"گر جنگ لازمی ہے تو پھر جنگ ہی سہی"

اب ہم نے تنگ آکے یہ اعلان کردیا
"گر جنگ لازمی ہے تو پھر جنگ ہی سہی"

امن و اماں کی کوششیں ناکام ہوگئیں
"گر جنگ لازمی ہے تو پھر جنگ ہی سہی"

❖❖

تضمینی غزل

(برمصرع ساحرلدھیانوی)

لے دے کے اپنے پاس فقط اک نظر تو ہے
کیوں دیکھیں زندگی کو کسی کی نظر سے ہم

❖❖❖

چشم خوشی سے دیکھیں کبھی چشم تر سے ہم
"کیوں دیکھیں زندگی کو کسی کی نظر سے ہم"
جب زندگی ہے اپنی تو اپنی نظر بھی ہو
"کیوں دیکھیں زندگی کو کسی کی نظر سے ہم"
خود ہم سے مل کے اپنا تعارف کرائے گی
"کیوں دیکھیں زندگی کو کسی کی نظر سے ہم"
اچھا ہو یا خراب ہو' اپنا ہو تجربہ
"کیوں دیکھیں زندگی کو کسی کی نظر سے ہم"
اللہ جانے کیسی نظر آئے گی ہمیں
"کیوں دیکھیں زندگی کو کسی کی نظر سے ہم"
عینک لگائیں گے نہ کسی اور کی کمالؔ
"کیوں دیکھیں زندگی کو کسی کی نظر سے ہم"

❖❖❖

تضمینی غزل

(برمصرع ساقی امروہوی)

یہ جرم کم ہے کہ سچائی کا بھرم رکھّا ؟
سزا تو ہونی تھی مجھ کو مرے بیان کے بعد

❖❖❖

قلم کرے گا وہ سر بھی ، مری زبان کے بعد
''سزا تو ہونی تھی مجھ کو مرے بیان کے بعد''
تھے سب خموش ، مجھے بھی خموش رہنا تھا
''سزا تو ہونی تھی مجھ کو مرے بیان کے بعد''
امیر شہر کی ناراضگی کا کیا شکوہ
''سزا تو ہونی تھی مجھ کو مرے بیان کے بعد''
مجھے اصول پتا ہے تری عدالت کا
''سزا تو ہونی تھی مجھ کو مرے بیان کے بعد''
مجھے کچھ اور ہی کہنا تھا کہہ گیا کچھ اور
''سزا تو ہونی تھی مجھ کو مرے بیان کے بعد''
تو حق نوا تھا کمالؔ اور میں ہمنوا تیرا
''سزا تو ہونی تھی مجھ کو مرے بیان کے بعد''

❖❖❖

تضمینی غزل

(برمصرع سلیم کوثر)

آب و ہوا تو یوں بھی مرا مسئلہ نہیں
مجھ کو تو اک درخت لگانا ہے اور بس

❖❖❖

مقصد ذرا ثواب کمانا ہے اور بس
''مجھ کو تو اک درخت لگانا ہے اور بس''
کل کوئی اس کی چھاؤں میں بیٹھے کہ کاٹ دے
''مجھ کو تو اک درخت لگانا ہے اور بس''
پھل کون توڑ لیتا ہے اس سے غرض نہیں
''مجھ کو تو اک درخت لگانا ہے اور بس''
دریا میں ڈال دیتا ہوں میں اپنی نیکیاں
''مجھ کو تو اک درخت لگانا ہے اور بس''
آندھی اگر چلے تو چلے مجھ کو اس سے کیا
''مجھ کو تو اک درخت لگانا ہے اور بس''
آگے کا کام شمس ' گھٹا اور ہوا کریں
''مجھ کو تو اک درخت لگانا ہے اور بس''

❖❖❖

تضمینی غزل

(برمصرع سہیل اختر)

گزر رہی ہے یہ بے کیف زندگی یونہی
اداس اداس ہے دن ' شام خالی خالی سی

❖❖❖

ہر ایک ساعتِ جاں لگ رہی ہے گالی سی
''اداس اداس ہے دن ' شام خالی خالی سی''
غروب رہتا ہے سورج ' چھپا ہوا جگنو
''اداس اداس ہے دن ' شام خالی خالی سی''
نہ تو نہ تیرا تصور نہ تیری یاد ہے اب
''اداس اداس ہے دن ' شام خالی خالی سی''
دل و دماغ پہ چھائی ہے کیسی بے کیفی
''اداس اداس ہے دن ' شام خالی خالی سی''
کوئی خوشی ہے میسر ' نہ کوئی غم حاصل
''اداس اداس ہے دن ' شام خالی خالی سی''
چہل پہل نہ تو دفتر میں ہے نہ گھر میں کمالؔ
''اداس اداس ہے دن ' شام خالی خالی سی''

❖❖❖

تضمینی غزل

(برمصرع سید سروش آصف)

میں تتلیوں کو حسیں پھول چن کے دیتا تھا
مرا جھکاؤ تھا بچپن سے شاعری کی طرف

❖❖❖

پتنگے جاتے ہیں جس طرح روشنی کی طرف
''مرا جھکاؤ تھا بچپن سے شاعری کی طرف''
سرہانے میرؔ کا دیوان رکھ کے سوتا تھا
''مرا جھکاؤ تھا بچپن سے شاعری کی طرف''
ہمیشہ خط اسے لکھّا گلابی کاغذ پر
''مرا جھکاؤ تھا بچپن سے شاعری کی طرف''
نظر ٹھہرتی تھی میری ہر اک حسیں شے پر
''مرا جھکاؤ تھا بچپن سے شاعری کی طرف''
غزل کے شعر بڑے شوق سے میں پڑھتا تھا
''مرا جھکاؤ تھا بچپن سے شاعری کی طرف''
میں اپنے درد پہ خود واہ واہ کرتا تھا
''مرا جھکاؤ تھا بچپن سے شاعری کی طرف''

❖❖❖

تضمینی غزل

(برمصرع سیفی سرونجی)

سنا ہے جب سے سمندر کے پار رہتے ہو
بنا کے چھوڑ دی کاغذ کی ناؤ پانی میں

❖❖❖

پھر اس کے بعد ہوئے منہمک روانی میں
"بنا کے چھوڑ دی کاغذ کی ناؤ پانی میں"
تمہارے آخری خط کو بھی دریا برد کیا
"بنا کے چھوڑ دی کاغذ کی ناؤ پانی میں"
مرے سفر کی جو روداد ہے وہ اتنی ہے
"بنا کے چھوڑ دی کاغذ کی ناؤ پانی میں"
تمہاری یاد جب آئی تو یوں کیا میں نے
"بنا کے چھوڑ دی کاغذ کی ناؤ پانی میں"
دل اپنا میں نے کمالؔ اس کو دے دیا اب تو
"بنا کے چھوڑ دی کاغذ کی ناؤ پانی میں"

❖❖❖

تضمینی غزل

(بر مصرعِ سید انجم رومان)

> ہے تمہیں کس کا انتظار آنکھو
> دور تک ہے مگر غبار آنکھو

❖❖❖

اے مری پیاری اشک بار آنکھو
"ہے تمہیں کس کا انتظار آنکھو"

در کو تکتی ہو بار بار آنکھو
"ہے تمہیں کس کا انتظار آنکھو"

بھر نہ جائے کہیں غبار، آنکھو
"ہے تمہیں کس کا انتظار آنکھو"

کون آئے گا آج خوابوں میں
"ہے تمہیں کس کا انتظار آنکھو"

میری مانو پلک جھپک لو اب
"ہے تمہیں کس کا انتظار آنکھو"

کہیں پتھرا نہ جاؤ ایسے میں
"ہے تمہیں کس کا انتظار آنکھو"

کس کے وعدے پہ ہے یقیں تم کو
"ہے تمہیں کس کا انتظار آنکھو"

❖❖❖

احمد کمال حشمی

تضمینی غزل

(بر مصرع شاہد پٹھان)

کوئی دم ساز و ہم نوا نہ رہا
ہائے اب کوئی باوفا نہ رہا

❖❖❖

نہ رہا کوئی، باخدا نہ رہا
"ہائے اب کوئی باوفا نہ رہا"

بیوفاؤں کو بھی شکایت ہے
"ہائے اب کوئی باوفا نہ رہا"

کس سے کیجیے وفا کی امیدیں
"ہائے اب کوئی باوفا نہ رہا"

یہ شکایت مجھے ہے مجھ سے بھی
"ہائے اب کوئی باوفا نہ رہا"

زندگی ہو کہ وقت ہو کہ مرا یار
"ہائے اب کوئی باوفا نہ رہا"

❖❖❖

تضمینی غزل

(برمصرع شاہد نور)

ہم نے سونے کا نوالہ نہیں کھایا شاہد
ہم نے تو روز کنواں کھودا ہے پانی کے لئے

❖❖❖

پیاس ہونٹوں پہ نہیں رکھّی کہانی کے لئے
"ہم نے تو روز کنواں کھودا ہے پانی کے لئے"
ہم تو تالاب کا احسان نہیں لیتے ہیں
"ہم نے تو روز کنواں کھودا ہے پانی کے لئے"
کھیت کھلیان ہمارے نہیں یونہی شاداب
"ہم نے تو روز کنواں کھودا ہے پانی کے لئے"
پھاوڑا لے کے سرِ صبح نکل پڑتے ہیں
"ہم نے تو روز کنواں کھودا ہے پانی کے لئے"
تم ہمیں پیاس کی شدت سے ڈراتے کیوں ہو
"ہم نے تو روز کنواں کھودا ہے پانی کے لئے"
ہم تو دریا کے کنارے نہیں رہتے ہیں کمالؔ
"ہم نے تو روز کنواں کھودا ہے پانی کے لئے"

❖❖❖

تضمینی غزل

(برمصرع شکیب جلالی)

رنگینئ حیات کے مارو جواب دو
کیوں ہنس رہے ہو چاند ستارو جواب دو

❖❖❖

میرے اکیلے پن کے سہارو ' جواب دو
"کیوں ہنس رہے ہو چاند ستارو جواب دو"
دل کو مرے یقین ہے وہ آئے گا ضرور
"کیوں ہنس رہے ہو چاند ستارو جواب دو"
میرے دئے کی لَو کا اڑاتے ہو کیوں مذاق
"کیوں ہنس رہے ہو چاند ستارو جواب دو"
دیکھا تو ہوگا تم نے لٹا کیسے قافلہ
"کیوں ہنس رہے ہو چاند ستارو جواب دو"
مانگے کی روشنی پہ بھی اتنا غرور ہے؟
"کیوں ہنس رہے ہو چاند ستارو جواب دو"
احمد کمالؔ کو کوئی شاعر نہ مانے تو
"کیوں ہنس رہے ہو چاند ستارو جواب دو"

❖❖❖

تضمینی غزل

(برمصرع شگفتہ یاسمین غزلؔ)

بدلے میں وہ سانسیں گروی رکھ لے گا بچ کر رہنا آج کے حاتم طائی سے

❖❖❖

بات پتے کی کہتا ہوں سچائی سے
"بچ کر رہنا آج کے حاتم طائی سے"
جو کچھ دے گا واپس لے گا سود سمیت
"بچ کر رہنا آج کے حاتم طائی سے"
تھوڑا دے گا اور ڈھنڈورا پیٹے گا
"بچ کر رہنا آج کے حاتم طائی سے"
خودکشی کرلی اک لڑکی نے یہ لکھ کر
"بچ کر رہنا آج کے حاتم طائی سے"
بات الگ تھی کل کے حاتم طائی کی
"بچ کر رہنا آج کے حاتم طائی سے"
تم کو اپنی عزت پیاری ہے تو کمالؔ
"بچ کر رہنا آج کے حاتم طائی سے"

❖❖❖

تضمینی غزل

(بر مصرع شمشاد شاد)

ہلکی سی اک چوٹ لگی احساس کو اور
دل کا سفینہ چلتے چلتے ڈوب گیا

❖❖❖

پے درپے ضربات الم سے اوب گیا
"دل کا سفینہ چلتے چلتے ڈوب گیا"
جانے کیسے اس میں پانی بھر آیا
"دل کا سفینہ چلتے چلتے ڈوب گیا"
اتنے سارے غم کے مسافر بیٹھ گئے
"دل کا سفینہ چلتے چلتے ڈوب گیا"
ساحل نے آواز لگائی جلدی آ
"دل کا سفینہ چلتے چلتے ڈوب گیا"
اس کی یادوں کی طغیانی میں کمالؔ
"دل کا سفینہ چلتے چلتے ڈوب گیا"

❖❖❖

تضمینی غزل

(برمصرع شمیم حنفی)

کبھی صحرا میں رہتے ہیں، کبھی پانی میں رہتے ہیں
نہ جانے کون ہے جس کی نگہبانی میں رہتے ہیں

❖❖❖

مری آنکھوں کے سارے خواب حیرانی میں رہتے ہیں
"کبھی صحرا میں رہتے ہیں، کبھی پانی میں رہتے ہیں"
قلندر ہیں، ہمیں ہر ایک موسم راس آتا ہے
"کبھی صحرا میں رہتے ہیں، کبھی پانی میں رہتے ہیں"
ہمار ساتھ دنیا اس لئے بھی دے نہیں پاتی
"کبھی صحرا میں رہتے ہیں، کبھی پانی میں رہتے ہیں"
ہمیں ہر حال میں دکھ درد سہنا ہے زمانے کا
"کبھی صحرا میں رہتے ہیں، کبھی پانی میں رہتے ہیں"
کمالؔ اس بات پر حیرت زدہ ہیں خود کہ کیسے ہم
"کبھی صحرا میں رہتے ہیں، کبھی پانی میں رہتے ہیں"

❖❖❖

تضمینی غزل

(برمصرع شہزاد نیّرؔ)

مسجدوں میں تھا شور و شر نیّرؔ
میں نے صحرا میں اعتکاف کیا

❖❖❖

کام دنیا کے بر خلاف کیا
"میں نے صحرا میں اعتکاف کیا"
یوں گزاری ہے زندگی جیسے
"میں نے صحرا میں اعتکاف کیا"
تیری یادوں سے لَو لگانا تھا
"میں نے صحرا میں اعتکاف کیا"
بس وہیں پر تھی تھوڑی تنہائی
"میں نے صحرا میں اعتکاف کیا"
کوئی فتویٰ کہیں سے لے آؤ
"میں نے صحرا میں اعتکاف کیا"
مجھ سے واعظ بہت خفا ہے کمالؔ
"میں نے صحرا میں اعتکاف کیا"

❖❖❖

تضمینی غزل

(برمصرع صابراقبال)

احساس جاگ جائے تو دھتکار کر کہے
طے کر رہا ہوں راہ غلط آدمی کے ساتھ

❖❖❖

یہ جان کر بھی محوِ سفر ہوں اسی کے ساتھ
"طے کر رہا ہوں راہ غلط آدمی کے ساتھ"
منزل قریب آئی تو احساس یہ ہوا
"طے کر رہا ہوں راہ غلط آدمی کے ساتھ"
یہ میری سادہ لوحی کا بیّن ثبوت ہے
"طے کر رہا ہوں راہ غلط آدمی کے ساتھ"
اک بے وفا کے ساتھ وفا کر رہا ہوں میں
"طے کر رہا ہوں راہ غلط آدمی کے ساتھ"
ہر ایک موڑ پر مجھے رہنا ہے ہوشیار
"طے کر رہا ہوں راہ غلط آدمی کے ساتھ"
وہ دونوں ایک ساتھ ہیں یہ سوچتے ہوئے
"طے کر رہا ہوں راہ غلط آدمی کے ساتھ"
عمر آدھی کٹ گئی ہے تو لگتا ہے اے کمالؔ
"طے کر رہا ہوں راہ غلط آدمی کے ساتھ"

❖❖❖

تضمینی غزل

(بر مصرعِ صائمہ اسحاق)

کچھ یقیں اور کچھ گماں کے بین بین
اک مسلسل خود کشی کا لطف لو

❖❖❖

زندگی بھر زندگی کا لطف لو
"اک مسلسل خود کشی کا لطف لو"

لمحہ لمحہ یاد اس کی آئے گی
"اک مسلسل خود کشی کا لطف لو"

جان لے گی ایک اک اسکی ادا
"اک مسلسل خود کشی کا لطف لو"

ایک پل میں چپکے سے مر جانا کیا
"اک مسلسل خود کشی کا لطف لو"

قسطوں میں تم مارو اپنے آپ کو
"اک مسلسل خود کشی کا لطف لو"

موت بھی حیران رہ جائے کمالؔ
"اک مسلسل خود کشی کا لطف لو"

❖❖❖

تضمینی غزل

(برمصرع صلاح الدین نیرؔ)

سوچتے سوچتے ہی اتنے برس بیت گئے
زندگی تجھ سے کہاں کھل کے ملاقات ہوئی

❖❖❖

اپنے دکھ سکھ کی ابھی تک نہ کوئی بات ہوئی
''زندگی تجھ سے کہاں کھل کے ملاقات ہوئی''
ابھی توصرف تعارف ہوا ہے تیرا
''زندگی تجھ سے کہاں کھل کے ملاقات ہوئی''
اتنے برسوں تُو مرے ساتھ رہی ہے' لیکن
''زندگی تجھ سے کہاں کھل کے ملاقات ہوئی''
حوصلے میرے کہاں دیکھے ہیں تو نے اب تک
''زندگی تجھ سے کہاں کھل کے ملاقات ہوئی''
تونے پرکھا ہے مجھے میں نے تو پرکھا ہی نہیں
''زندگی تجھ سے کہاں کھل کے ملاقات ہوئی''
تو مری دوست کہ دشمن ہے ابھی کیسے کہوں
''زندگی تجھ سے کہاں کھل کے ملاقات ہوئی''

❖❖❖

تضمینی غزل

(برمصرع ضمیر یوسف)

کچھ بت بنے بنائے نمائش میں آگئے
فنکار اب وہی ہے جو فنکار ہی نہیں

❖❖❖

دل یہ قبول کرنے پہ تیار ہی نہیں
''فنکار اب وہی ہے جو فنکار ہی نہیں''
یہ دور ناسپاس ہے' حیرت نہ کیجئے
''فنکار اب وہی ہے جو فنکار ہی نہیں''
جائے پناہ ڈھونڈتا ہے فن' یہ دیکھ لو
''فنکار اب وہی ہے جو فنکار ہی نہیں''
یہ فن بھی اپنے آپ میں اک فن ہے دوستو
''فنکار اب وہی ہے جو فنکار ہی نہیں''
اب رہنما وہ ہے جو ہے رستے سے نابلد
''فنکار اب وہی ہے جو فنکار ہی نہیں''
فنکار جتنے ہیں وہ پشیمان ہیں کمالؔ
''فنکار اب وہی ہے جو فنکار ہی نہیں''

❖❖❖

تضمینی غزل

(برمصرع ظفر اقبال ظفر)

اپنی زلفیں ہٹالو چہرے سے
شہر میں ہر طرف اندھیرا ہے

❖❖❖

دن ہے اور ظلمتوں کا ڈیرا ہے
"شہر میں ہر طرف اندھیرا ہے"
جب سے ترک سکونت اس نے کیا
"شہر میں ہر طرف اندھیرا ہے"
ایک بس آپ کی گلی کے سوا
"شہر میں ہر طرف اندھیرا ہے"
جگنوؤں کی قطار نکلی ہے
"شہر میں ہر طرف اندھیرا ہے"
مہر سے مہ کی دشمنی ہے کیا
"شہر میں ہر طرف اندھیرا ہے"
گھر جلاؤں کہ دل جلاؤں کمالؔ
"شہر میں ہر طرف اندھیرا ہے"

❖❖❖

تضمینی غزل

(برمصرع ظہیر غازی پوری)

ہزاروں پیکر نا آشنا کا کرب لئے
مری نگاہ میں کتنے ہی آئنے آئے

❖❖❖

نظر کہاں ترے پیکر کے زاویے آئے
”مری نگاہ میں کتنے ہی آئنے آئے“
کسی میں بھی تری صورت نظر نہیں آئی
”مری نگاہ میں کتنے ہی آئنے آئے“
کوئی بھی دل کی طرح ضرب سنگ سہہ نہ سکا
”مری نگاہ میں کتنے ہی آئنے آئے“
کسی کو ایک نظر بھی نہ دیکھا تیرے بعد
”مری نگاہ میں کتنے ہی آئنے آئے“
کوئی نہ تھا جو ترے حسن کا نہ قائل ہو
”مری نگاہ میں کتنے ہی آئنے آئے“

❖❖❖

تضمینی غزل

(بر مصرع ظہیر مشتاق رانا)

روشنی بند نگاہوں پہ کہاں کھلتی ہے
دیکھنا ' دیکھتے رہنے کے سبب آتا ہے

❖❖❖

سرسری ایک نظر سے بھلا کب آتا ہے
''دیکھنا ' دیکھتے رہنے کے سبب آتا ہے''
اس کے چہرے پہ نظر اپنی ٹکائے رکھئے
''دیکھنا ' دیکھتے رہنے کے سبب آتا ہے''
دیکھنا ہوتا نہیں صرف دکھائی دینا
''دیکھنا ' دیکھتے رہنے کے سبب آتا ہے''
زخم دل ہو کہ کوئی خواب کہ چہرہ اس کا
''دیکھنا ' دیکھتے رہنے کے سبب آتا ہے''
لوگ آسان سمجھتے ہیں پر آسان نہیں
''دیکھنا ' دیکھتے رہنے کے سبب آتا ہے''
تیری تصویر پہ میں مشق کیا کرتا ہوں
''دیکھنا ' دیکھتے رہنے کے سبب آتا ہے''

❖❖❖

احمد کمالؔ حشمی

تضمینی غزل

(برمصرع عادل رضا منصوری)

سفر کے بعد بھی مجھ کو سفر میں رہنا ہے
نظر سے گرنا بھی گویا خبر میں رہنا ہے

❖❖❖

سحر تا شام کسی کی نظر میں رہنا ہے
''سفر کے بعد بھی مجھ کو سفر میں رہنا ہے''
میں گھر پہنچ کے بھی منزل کے خواب دیکھوں گا
''سفر کے بعد بھی مجھ کو سفر میں رہنا ہے''
سفر سے پہلے بھی یارو میں اک سفر میں تھا
''سفر کے بعد بھی مجھ کو سفر میں رہنا ہے''
میں موڑ لیتا ہوں رخ اپنا اپنی منزل سے
''سفر کے بعد بھی مجھ کو سفر میں رہنا ہے''
میں اپنا راستہ اکثر بدلتا رہتا ہوں
''سفر کے بعد بھی مجھ کو سفر میں رہنا ہے''
کسی نے پاؤں میں پہیہ لگادیا ہے مرے
''سفر کے بعد بھی مجھ کو سفر میں رہنا ہے''
کمالؔ پاؤں رکے ہیں، زمین چلتی ہے
''سفر کے بعد بھی مجھ کو سفر میں رہنا ہے''

❖❖❖

تضمینی غزل

(بر مصرع عاصمؔ بخاری)

کسی وجود کا خستہ لباس رہ رہ کے
میں تھک گیا ہوں مسلسل اداس رہ رہ کے

❖❖❖

کرے نہ کیوں مرا دل التماس رہ رہ کے
"میں تھک گیا ہوں مسلسل اداس رہ رہ کے"
کبھی تو درد، کبھی غم کے پاس رہ رہ کے
"میں تھک گیا ہوں مسلسل اداس رہ رہ کے"
سفر طویل بہت ہے مری اداسی کا
"میں تھک گیا ہوں مسلسل اداس رہ رہ کے"
وہ خوش مزاج ہی میری تھکن اتارے گا
"میں تھک گیا ہوں مسلسل اداس رہ رہ کے"
اداسی آج تلک مجھ کو راس آ نہ سکی
"میں تھک گیا ہوں مسلسل اداس رہ رہ کے"
کبھی خوشی کا کوئی ایک پل میسر ہو
"میں تھک گیا ہوں مسلسل اداس رہ رہ کے"
کمالؔ! لوگ تو وقتاً اداس رہتے ہیں
"میں تھک گیا ہوں مسلسل اداس رہ رہ کے"

❖❖❖

تضمینی غزل

(برمصرع عاصم شہنواز شبلی)

کیسی دل کی مرے پائمالی رہی
موسم گل میں بھی خشک سالی رہی

❖❖❖

کیفیت آج بھی پہلے والی رہی
"موسم گل میں بھی خشک سالی رہی"
رات آئی مگر نیند آئی نہیں
"موسم گل میں بھی خشک سالی رہی"
ایک اس کے نہ رہنے سے اب کے برس
"موسم گل میں بھی خشک سالی رہی"
خونِ دل بھی ہمارا نہ کام آسکا
"موسم گل میں بھی خشک سالی رہی"
موسمِ گل لگا موسمِ گل کہاں
"موسم گل میں بھی خشک سالی رہی"
بد دعا کا کسی کی اثر ہے کمالؔ
"موسم گل میں بھی خشک سالی رہی"

❖❖❖

تضمینی غزل

(بر مصرعِ عالم خورشید)

کوئی بھی روشنی کافی مجھے نہیں لگتی
کبھی چراغ، کبھی دل جلا رہا ہوں میں

کسی بھی طور اندھیرا مٹا رہا ہوں میں
"کبھی چراغ، کبھی دل جلا رہا ہوں میں"

تمہیں بھلانے کی نا کام کوششیں ہیں مری
"کبھی چراغ، کبھی دل جلا رہا ہوں میں"

عجب طرح کے اندھیروں سے سابقہ ہے مرا
"کبھی چراغ، کبھی دل جلا رہا ہوں میں"

تمہیں پسند ہو جو روشنی وہی لے لو
"کبھی چراغ، کبھی دل جلا رہا ہوں میں"

ہر ایک طور ہواؤں کو آزماتا ہوں
"کبھی چراغ، کبھی دل جلا رہا ہوں میں"

تضمینی غزل

(بر مصرع عباس تابش)

گل نشاط کی خوشبو بھی بار تھی مجھ کو
مرے مزاج میں غم کا رچاؤ ایسا تھا

❖❖❖

مری نگاہ میں ہر پھول خار جیسا تھا
''مرے مزاج میں غم کا رچاؤ ایسا تھا''
میسر آئی خوشی بھی تو غم میں ڈھلنے لگی
''مرے مزاج میں غم کا رچاؤ ایسا تھا''
کبھی خوشی سے نباہ کر نہ سکا
''مرے مزاج میں غم کا رچاؤ ایسا تھا''
مری ہنسی مری پژمردگی چھپا نہ سکی
''مرے مزاج میں غم کا رچاؤ ایسا تھا''
غم جہاں ہو کہ جاناں لگا لیا دل سے
''مرے مزاج میں غم کا رچاؤ ایسا تھا''
کبھی کسی کی خوشی میں نہ ہو سکا شامل
''مرے مزاج میں غم کا رچاؤ ایسا تھا''
ہنسا نہ پایا کوئی مسخرہ بھی مجھ کو کمالؔ
''مرے مزاج میں غم کا رچاؤ ایسا تھا''

❖❖❖

تضمینی غزل

(برمصرع عباس تابش)

میرے آنسو میرے اندر ہی گرے
رونے سے جی اور بوجھل ہوگیا

❖❖❖

آنکھ برسی ' دل میں جل تھل ہوگیا
"رونے سے جی اور بوجھل ہوگیا"
ایک قطرہ اشک کا ٹپکا نہیں
"رونے سے جی اور بوجھل ہوگیا"
درد میں کچھ اور شدت آگئی
"رونے سے جی اور بوجھل ہوگیا"
اس نے رونے کا سبب پوچھا نہیں
"رونے سے جی اور بوجھل ہوگیا"
ہنس کے دیکھوں گا میں تیرے غم پہ اب
"رونے سے جی اور بوجھل ہوگیا"
روکے ہم بچھتا رہے ہیں اے کمالؔ
"رونے سے جی اور بوجھل ہوگیا"

❖❖❖

تضمینی غزل

(برمصرع عرفان ستار)

گاہے گاہے سخن ضروری ہے
سامنے آئنا نہیں ، میں ہوں

❖❖❖

شاید اس کو پتا نہیں ، میں ہوں
"سامنے آئنا نہیں ، میں ہوں"

اتنے پتھر نہ ماریئے صاحب
"سامنے آئنا نہیں ، میں ہوں"

کہیں اس کو بتا نہ دے کوئی
"سامنے آئنا نہیں ، میں ہوں"

جاؤ جاکر یہ کہہ دو پتھر سے
"سامنے آئنا نہیں ، میں ہوں"

جتنا جی چاہے ماریئے پتھر
"سامنے آئنا نہیں ، میں ہوں"

آپ نظریں چرا رہے ہیں کیوں
"سامنے آئنا نہیں ، میں ہوں"

آپ مجھ میں بسے ہوئے ہیں کمالؔ
"سامنے آئنا نہیں ، میں ہوں"

❖❖❖

تضمینی غزل

(بر مصرع عرفان ستار)

جہاں کا ہوں وہیں کی راس آئے گی فضا مجھ کو
یہ دنیا بھی بھلا کوئی جگہ ہے میرے رہنے کی

❖❖❖

یہ جو رنگینیاں ہیں وہ فقط باتیں ہیں کہنے کی
"یہ دنیا بھی بھلا کوئی جگہ ہے میرے رہنے کی"

سزائے زندگی میں کاٹنے کو ہوں یہاں ورنہ
"یہ دنیا بھی بھلا کوئی جگہ ہے میرے رہنے کی"

مروّت ہے نہ الفت ہے، محبت ہے نہ چاہت ہے
"یہ دنیا بھی بھلا کوئی جگہ ہے میرے رہنے کی"

کہیں ہیں خون کی چھینٹیں، کہیں بارود کی بو ہے
"یہ دنیا بھی بھلا کوئی جگہ ہے میرے رہنے کی"

بتا دنیا میں اے میرے خدا کیوں مجھ کو بھیجا ہے
"یہ دنیا بھی بھلا کوئی جگہ ہے میرے رہنے کی"

کوئی بے جان، بے حس، بے مروّت ہی رہے ورنہ
"یہ دنیا بھی بھلا کوئی جگہ ہے میرے رہنے کی"

❖❖❖

تضمینی غزل

(برمصرع عرفان صدیقی)

ایسا گمراہ کیا تھا تری خاموشی نے
سب سمجھتے تھے ترا چاہنے والا مجھ کو

❖❖❖

کبھی دیتے تھے سبھی تیرا حوالہ مجھ کو
''سب سمجھتے تھے ترا چاہنے والا مجھ کو''
کئی لوگوں نے رقیب اپنا مجھے مان لیا
''سب سمجھتے تھے ترا چاہنے والا مجھ کو''
مسند خاص عطا کی گئی محفل میں مجھے
''سب سمجھتے تھے ترا چاہنے والا مجھ کو''
دیکھا کرتے تھے سبھی رشک کی نظروں سے مجھے
''سب سمجھتے تھے ترا چاہنے والا مجھ کو''
تیرے انکار نے توقیر گھٹادی میری
''سب سمجھتے تھے ترا چاہنے والا مجھ کو''
میں نے ان کی یہ غلط فہمی مٹائی ہی نہیں
''سب سمجھتے تھے ترا چاہنے والا مجھ کو''

❖❖❖

تضمینی غزل

(بر مصرع عزیز نبیل)

وہ رات ایسی سخت اداسی کی رات تھی
جلتے چراغ خود کو بجھا کر چلے گئے

❖❖❖

محفل میں ایک پل کو وہ آکر چلے گئے
"جلتے چراغ خود کو بجھا کر چلے گئے"

دیکھی چراغ دل کی مرے روشنی تو پھر
"جلتے چراغ خود کو بجھا کر چلے گئے"

جیسے ہی داستان محبت ہوئی تمام
"جلتے چراغ خود کو بجھا کر چلے گئے"

تنقید کر رہے تھے سبھی مہر و ماہ پر
"جلتے چراغ خود کو بجھا کر چلے گئے"

تقسیم روشنی کا غلط ڈھنگ دیکھ کر
"جلتے چراغ خود کو بجھا کر چلے گئے"

❖❖❖

تضمینی غزل

(برمصرع علامہ اقبال)

نہ پوچھو مجھ سے لذت خانماں برباد ہونے کی
نشیمن سینکڑوں میں نے بنا کر پھونک ڈالے ہیں

❖❖❖

دِوانہ ہوں' دوانوں کے طریقے سب نرالے ہیں
"نشیمن سینکڑوں میں نے بنا کر پھونک ڈالے ہیں"
اندھیرے ہی اندھیرے تھے' اُجالے ہی اجالے ہیں
"نشیمن سینکڑوں میں نے بنا کر پھونک ڈالے ہیں"
سنو اے بجلیو! رہ رہ کے مجھ کو دھمکیاں مت دو
"نشیمن سینکڑوں میں نے بنا کر پھونک ڈالے ہیں"
تم اپنا اک نشیمن پھونک کر اترا رہے ہو کیوں
"نشیمن سینکڑوں میں نے بنا کر پھونک ڈالے ہیں"
کہا جب جب درختوں نے مرا احسان مانو تم
"نشیمن سینکڑوں میں نے بنا کر پھونک ڈالے ہیں"
طبیعت کی یہی افتادگی بے چین رکھتی ہے
"نشیمن سینکڑوں میں نے بنا کر پھونک ڈالے ہیں"

❖❖❖

تضمینی غزل

(برمصرع عندلیب شادانی)

تصویر میں نے مانگی تھی شوخی تو دیکھئے
اک پھول اس نے بھیج دیا ہے گلاب کا

❖❖❖

میرا تقاضا تھا مرے خط کے جواب کا
"اک پھول اس نے بھیج دیا ہے گلاب کا"
بھیجا تھا میں نے کل اسے تتلی کا ایک پَر
"اک پھول اس نے بھیج دیا ہے گلاب کا"
مجھ کو جلانے کے لئے میرے رقیب کو
"اک پھول اس نے بھیج دیا ہے گلاب کا"
دشمن کی دشمنی کی ہے یہ کون سی ادا
"اک پھول اس نے بھیج دیا ہے گلاب کا"
اک خواب میں نے دیکھا ہے کل رات اے کمالؔ
"اک پھول اس نے بھیج دیا ہے گلاب کا"

❖❖❖

تضمینی غزل

(برمصرع غلام مرتضیٰ راہیؔ)

تعین منزلِ مقصود کا باقی رہا بس
مجھے لگتی نہیں اب راہ ناہموار کوئی

❖❖❖

ہنسا تھا لڑکھڑانے پر مرے' اک بار کوئی
"مجھے لگتی نہیں اب راہ ناہموار کوئی"
تمہارے ساتھ چلنے کا کرشمہ یہ بھی دیکھا
"مجھے لگتی نہیں اب راہ ناہموار کوئی"
مرے قدموں کو ناہمواریاں راس آگئی ہیں
"مجھے لگتی نہیں اب راہ ناہموار کوئی"
ذرا سی کجروی سے کام لینے لگ گیا ہوں
"مجھے لگتی نہیں اب راہ ناہموار کوئی"
مجھے لگتا ہے چلنے کا سلیقہ آگیا ہے
"مجھے لگتی نہیں اب راہ ناہموار کوئی"
مرے ہمراہیوں کو آج یہ حیرانگی ہے
"مجھے لگتی نہیں اب راہ ناہموار کوئی"

❖❖❖

تضمینی غزل

(بر مصرعِ فاروق جائسی)

جس طرف دیکھئے موجود ہے اس کا چہرہ
کوئی بتلائے مجھے اور محبت کیا ہے

❖ ❖ ❖

ایک سودا ہے، جنوں ہے کہ ہے وحشت؟ کیا ہے
"کوئی بتلائے مجھے اور محبت کیا ہے"

بات بے بات فقط بات اسی کی کرنا
"کوئی بتلائے مجھے اور محبت کیا ہے"

دور رہ کر بھی قریب اس کے پہنچ جاتا ہوں
"کوئی بتلائے مجھے اور محبت کیا ہے"

نیند آتی نہیں اور خواب چلے آتے ہیں
"کوئی بتلائے مجھے اور محبت کیا ہے"

آدمی کام کا، غالبؔ سا نکما ہو جائے
"کوئی بتلائے مجھے اور محبت کیا ہے"

میری سوچوں کا ہے مرکز وہی اک شخص کمالؔ
"کوئی بتلائے مجھے اور محبت کیا ہے"

❖ ❖ ❖

تضمینی غزل

(بر مصرع فراغ روہوی)

بھلی ہے یا بری یارو، اسی کا ساتھ دینا ہے
ہمیں تو زندگی بھر زندگی کا ساتھ دینا ہے

❖❖❖

اگرچہ بے وفا ہے وہ، اسی کا ساتھ دینا ہے
"ہمیں تو زندگی بھر زندگی کا ساتھ دینا ہے"

ستم ڈھائے، جفا کرلے، وہ غم بخشے کہ آنسو دے
"ہمیں تو زندگی بھر زندگی کا ساتھ دینا ہے"

بھلے وہ توڑ لے ہم سے تعلق، ہم نہ توڑیں گے
"ہمیں تو زندگی بھر زندگی کا ساتھ دینا ہے"

ہمیں تو موت ہی اس سے الگ کر پائے گی ورنہ
"ہمیں تو زندگی بھر زندگی کا ساتھ دینا ہے"

ہمارا ساتھ کتنے روز دے گی، زندگی جانے
"ہمیں تو زندگی بھر زندگی کا ساتھ دینا ہے"

کہا جب زندگی اس کو تو اس کو زندگی مانا
"ہمیں تو زندگی بھر زندگی کا ساتھ دینا ہے"

❖❖❖

تضمینی غزل

(بر مصرعِ فرزانہ پروین)

وہ ہے پیاس سب کی بجھانے سے قاصر
"سمندر کو اب یہ بتانا پڑے گا"

❖❖❖

کسی دن اسے سوکھ جانا پڑے گا
"سمندر کو اب یہ بتانا پڑے گا"

مرے دل کی وسعت ہے اس سے زیادہ
"سمندر کو اب یہ بتانا پڑے گا"

ابھی تک سفینہ مرا چل رہا ہے
"سمندر کو اب یہ بتانا پڑے گا"

بہت بھیڑ دیکھی گئی جھیل پر کیوں
"سمندر کو اب یہ بتانا پڑے گا"

مری تشنگی اپنی معراج پر ہے
"سمندر کو اب یہ بتانا پڑے گا"

پئے سیر ساحل پہ آیا ہے کوئی
"سمندر کو اب یہ بتانا پڑے گا"

❖❖❖

تضمینی غزل

(برمصرع فہمی بدایونی)

بات کیا ہے کہ سامنے اس کے
سوچتا کچھ ہوں بولتا کچھ ہوں

❖❖❖

مجھ کو لگتا ہے سر پھرا کچھ ہوں
''سوچتا کچھ ہوں بولتا کچھ ہوں''
میں ہوں اندر کچھ اور باہر کچھ
''سوچتا کچھ ہوں بولتا کچھ ہوں''
عقل اور دل میں جنگ جاری ہے
''سوچتا کچھ ہوں بولتا کچھ ہوں''
دوستوں سے شکایتیں ہیں ، مگر
''سوچتا کچھ ہوں بولتا کچھ ہوں''
میں نے دنیا سے سیکھا ہے یہ فن
''سوچتا کچھ ہوں بولتا کچھ ہوں''
سوچتا ہوں کہ ایسا کیوں ہے کمالؔ
''سوچتا کچھ ہوں بولتا کچھ ہوں''

❖❖❖

تضمینی غزل

(برمصرع فہیم جوگاپوری)

بھینی بھینی سی مہک چاروں طرف پھیل گئی
شاید آئی ہے صبا جسم تمہارا چھو کر

❖❖❖

کر رہی ہے مجھے رہ رہ کے اشارا، چھو کر
"شاید آئی ہے صبا جسم تمہارا چھو کر"
مجھ کو لگتی ہے تو لگتا ہے نشہ ہے اس میں
"شاید آئی ہے صبا جسم تمہارا چھو کر"
مشک و عنبر بھی بصد رشک اسے دیکھتے ہیں
"شاید آئی ہے صبا جسم تمہارا چھو کر"
بے سبب تو نہیں اٹھلا کے یہ چلنا اس کا
"شاید آئی ہے صبا جسم تمہارا چھو کر"
سب کی خواہش ہے کہ وہ ان کو بھی چھو کر گزرے
"شاید آئی ہے صبا جسم تمہارا چھو کر"
مسکرانے لگا، جب اس سے کہا میں نے، کمالؔ!
"شاید آئی ہے صبا جسم تمہارا چھو کر"

❖❖❖

تضمینی غزل

(بر مصرع قتیل شفائی)

چمن والے خزاں کے نام سے گھبرا نہیں سکتے
کچھ ایسے پھول بھی کھلتے ہیں جو مرجھا نہیں سکتے

کسی قیمت خزاں کے رعب میں وہ آ نہیں سکتے
"کچھ ایسے پھول بھی کھلتے ہیں جو مرجھا نہیں سکتے"

کچھ ایسی خوشبوئیں ہوتی ہیں جو گم ہو نہیں سکتیں
"کچھ ایسے پھول بھی کھلتے ہیں جو مرجھا نہیں سکتے"

کچھ ایسے لوگ ہیں جو محو ذہنوں سے نہیں ہوتے
"کچھ ایسے پھول بھی کھلتے ہیں جو مرجھا نہیں سکتے"

نہ آئے گر یقیں تو زخم ہائے دل مرے دیکھو
"کچھ ایسے پھول بھی کھلتے ہیں جو مرجھا نہیں سکتے"

ہوائے تند بھی ان کو تر و شاداب رکھتی ہے
"کچھ ایسے پھول بھی کھلتے ہیں جو مرجھا نہیں سکتے"

تضمینی غزل

(برمصرع قیصر شمیم)

اے مری دیوانگی میں کون سے عالم میں ہوں
ایک مدت سے شریک بزم دنیا میں نہیں

❖❖❖

رہ کے دنیا میں بھی یارو اس کا حصہ میں نہیں
''ایک مدت سے شریک بزم دنیا میں نہیں''
میں تلاشِ ذات میں ہوں اس طرح کھویا ہوا
''ایک مدت سے شریک بزم دنیا میں نہیں''
ایک عرصے پہلے میں نے اس کو ٹھوکر ماردی
''ایک مدت سے شریک بزم دنیا میں نہیں''
چھوڑنا بس میں نہیں ہے' رہنا دل کو ناپسند
''ایک مدت سے شریک بزم دنیا میں نہیں''
ایک مدت سے شریک کار دنیا ہوں' مگر
''ایک مدت سے شریک بزم دنیا میں نہیں''
آج تم کو کیا ہوا ہے' تم تو کہتے تھے کمالؔ
''ایک مدت سے شریک بزم دنیا میں نہیں''

❖❖❖

تضمینی غزل

(برمصرع کرشن کمار طورؔ)

میں جبر اپنی طبیعت پہ جب بھی کرتا ہوں
دکھائی دیتا ہے مجھ کو جہاں عجیب سا کچھ

❖❖❖

زمیں عجیب سی کچھ' آسماں عجیب سا کچھ
''دکھائی دیتا ہے مجھ کو جہاں عجیب سا کچھ''
میں چلتے چلتے اچانک ٹھہر بھی جاتا ہوں
''دکھائی دیتا ہے مجھ کو جہاں عجیب سا کچھ''
بہت حسین ہے لیکن عجب ہے حسن اس کا
''دکھائی دیتا ہے مجھ کو جہاں عجیب سا کچھ''
خدا نے جیسا بنا یا تھا یہ تو ویسا نہیں
''دکھائی دیتا ہے مجھ کو جہاں عجیب سا کچھ''
ہر ایک چیز کو میں دیکھتا ہوں حیرت سے
''دکھائی دیتا ہے مجھ کو جہاں عجیب سا کچھ''
عجیب کیا ہے پتا ہی نہیں مگر پھر بھی
''دکھائی دیتا ہے مجھ کو جہاں عجیب سا کچھ''
دکھائی دیتا ہوں دنیا کو میں عجیب کمالؔ
''دکھائی دیتا ہے مجھ کو جہاں عجیب سا کچھ''

❖❖❖

تضمینی غزل

(بر مصرع کرشن کمار طورؔ)

اک اپنی کشتی سرِ آب دیکھتے ہیں بہت
یہ کیسے لوگ ہیں، یہ خواب دیکھتے ہیں بہت

❖❖❖

دلوں کو کر کے یہ بیتاب، دیکھتے ہیں بہت
"یہ کیسے لوگ ہیں، یہ خواب دیکھتے ہیں بہت"
انہیں بھروسہ بہت ہے سیاسی وعدوں پر
"یہ کیسے لوگ ہیں، یہ خواب دیکھتے ہیں بہت"
سفینے لے کے یہ بیٹھے ہیں ریگ زاروں میں
"یہ کیسے لوگ ہیں، یہ خواب دیکھتے ہیں بہت"
حقیقتوں سے یہ نظریں چراتے رہتے ہیں
"یہ کیسے لوگ ہیں، یہ خواب دیکھتے ہیں بہت"
ملی ہیں آنکھیں تو کچھ اور دیکھتے لیکن
"یہ کیسے لوگ ہیں، یہ خواب دیکھتے ہیں بہت"
انہیں عزیز نہیں ہیں کمالؔ آنکھیں کیا؟
"یہ کیسے لوگ ہیں، یہ خواب دیکھتے ہیں بہت"

❖❖❖

تضمینی غزل

(برمصرعِ کلیمؔ حاذق)

دریاؤں کی قبر بچھاؤں میں خود ہی
کشتی میں سوراخ بناؤں میں خود ہی

❖❖❖

بیچ ندی سے تیر کے آؤں میں خود ہی
،،کشتی میں سوراخ بناؤں میں خود ہی،،

ڈوبنے والوں کو بھی بچاؤں میں خود ہی
،،کشتی میں سوراخ بناؤں میں خود ہی،،

حیرانی میں ڈال دوں ساری موجوں کو
،،کشتی میں سوراخ بناؤں میں خود ہی،،

طوفانوں سے آنکھ ملاتا رہتا ہوں
،،کشتی میں سوراخ بناؤں میں خود ہی،،

رکھ دوں میں ملاح کے سر پر ہر الزام
،،کشتی میں سوراخ بناؤں میں خود ہی،،

ہمت ہو تو ساتھ مرے آسکتے ہو
،،کشتی میں سوراخ بناؤں میں خود ہی،،

❖❖❖

تضمینی غزل

(بر مصرع کلیم ناصرؔ)

پی جا ایام کی تلخی کو بھی ہنس کر ناصرؔ
غم کو سہنے میں بھی قدرت نے مزہ رکھا ہے

❖❖❖

بس یہی سوچ کے سینے میں بسا رکھا ہے
"غم کو سہنے میں بھی قدرت نے مزہ رکھا ہے"
غم کو سہنے کا سلیقہ نہیں آتا ہے ہمیں
"غم کو سہنے میں بھی قدرت نے مزہ رکھا ہے"
آؤ اک دوجے کا غم مل کے سہیں ہم دونوں
"غم کو سہنے میں بھی قدرت نے مزہ رکھا ہے"
نت نئے غم مجھے بخشے گئے یہ کہہ کہہ کر
"غم کو سہنے میں بھی قدرت نے مزہ رکھا ہے"
نیم کے رس میں بھی ہوتا ہے سرور اور نشہ
"غم کو سہنے میں بھی قدرت نے مزہ رکھا ہے"
تو کسی اور کا غم سہہ کے کبھی دیکھ کمالؔ
"غم کو سہنے میں بھی قدرت نے مزہ رکھا ہے"

❖❖❖

تضمینی غزل

(بر مصرع کمار پاشی)

دیکھے کوئی جا کر مرے مٹنے کا تماشا
تنہا میں کھڑا ہوں کسی جلتے ہوئے گھر میں

❖❖❖

دیکھوں کہ میں کب آتا ہوں بادل کی نظر میں
"تنہا میں کھڑا ہوں کسی جلتے ہوئے گھر میں"

دریا لئے احباب مرے دور کھڑے ہیں
"تنہا میں کھڑا ہوں کسی جلتے ہوئے گھر میں"

وہ چھوڑ گیا مجھ کو تو یہ لگنے لگا ہے
"تنہا میں کھڑا ہوں کسی جلتے ہوئے گھر میں"

دیکھو ذرا نزدیک سے وہ تم تو نہیں ہو
"تنہا میں کھڑا ہوں کسی جلتے ہوئے گھر میں"

اس خواب کی تعبیر کوئی مجھ کو بتائے
"تنہا میں کھڑا ہوں کسی جلتے ہوئے گھر میں"

جلدی سے مری اچھی سی تصویر اتارو
"تنہا میں کھڑا ہوں کسی جلتے ہوئے گھر میں"

❖❖❖

تضمینی غزل

(برمصرع کومل جوئیہ)

اے ربِ دو جہان' ترے اس جہان میں
کوشش کے باوجود مرا دل نہیں لگا

❖❖❖

محفل میں کوئی قابل محفل نہیں لگا
"کوشش کے باوجود مرا دل نہیں لگا"
تیرے بغیر سیر چمن کو گیا تھا میں
"کوشش کے باوجود مرا دل نہیں لگا"
بزم امیر شہر بہت خوب تھی مگر
"کوشش کے باوجود مرا دل نہیں لگا"
دنیا سے دل لگانے کی کوشش تو کی بہت
"کوشش کے باوجود مرا دل نہیں لگا"
محفل سجی ہوئی تھی گو اعزاز میں مرے
"کوشش کے باوجود مرا دل نہیں لگا"
سب دل لگائے بیٹھے تھے جس جا' وہاں کمالؔ
"کوشش کے باوجود مرا دل نہیں لگا"

❖❖❖

تضمینی غزل

(بر مصرع کومل جوئیہ)

عمر رفتہ کو صدا مڑ کے لگائی میں نے
جب بھی شوکیس نظر آیا کھلونے والا

❖❖❖

ہنسنے والا مرا بچہ بنا رونے والا
"جب بھی شوکیس نظر آیا کھلونے والا"
لوٹ کر آگیا پچپن سے میں بچپن کی طرف
"جب بھی شوکیس نظر آیا کھلونے والا"
مجھ کو پردیس میں بچے مرے یاد آئے بہت
"جب بھی شوکیس نظر آیا کھلونے والا"
دل میں یہ آیا کہ میں توڑ ہی ڈالوں اس کو
"جب بھی شوکیس نظر آیا کھلونے والا"
جی بہت چاہا کہ گھس جاؤں میں اس کے اندر
"جب بھی شوکیس نظر آیا کھلونے والا"

❖❖❖

تضمینی غزل

(برمصرع کیفی اعظمی)

بہار آئے تو میرا سلام کہہ دینا مجھے تو آج طلب کر لیا ہے صحرا نے

❖❖❖

خوش آمدید مجھے کہہ رہے ہیں دیوانے
"مجھے تو آج طلب کر لیا ہے صحرا نے"
دوانگی کی مری مل گئی سند مجھ کو
"مجھے تو آج طلب کر لیا ہے صحرا نے"
درو ' دریچو ' فصیلو ' تمہیں خدا حافظ
"مجھے تو آج طلب کر لیا ہے صحرا نے"
تمہارے شہر نے اتنے چلائے ہیں پتھر
"مجھے تو آج طلب کر لیا ہے صحرا نے"
تمہارے شہر میں اب اور رک نہیں سکتا
"مجھے تو آج طلب کر لیا ہے صحرا نے"
نہ جانے کون سا کام آ پڑا ہے مجھ سے کمالؔ
"مجھے تو آج طلب کر لیا ہے صحرا نے"

❖❖❖

تضمینی غزل

(بر مصرع محسن نقوی)

ہم سے مت پوچھ راستے گھر کے
ہم مسافر ہیں زندگی بھر کے

❖❖❖

کبھی صحرا ، کبھی سمندر کے
"ہم مسافر ہیں زندگی بھر کے"
تم کسی موڑ پر ٹھہر جانا
"ہم مسافر ہیں زندگی بھر کے"
سانس لینا بھی راہ چلنا ہے
"ہم مسافر ہیں زندگی بھر کے"
کوئی منزل نہیں ہے قسمت میں
"ہم مسافر ہیں زندگی بھر کے"
راستے راس آگئے ہیں ہمیں
"ہم مسافر ہیں زندگی بھر کے"
جب چلے تھے تو یہ نہ سوچا تھا
"ہم مسافر ہیں زندگی بھر کے"

❖❖❖

تضمینی غزل

(بر مصرعِ محسن نقوی)

وہ جھوٹ ہی سہی مجھے یونہی بھی عزیز ہے
کہنا تھا جو بھی، اس نے کہا میرے سامنے

❖❖❖

آئینہ بن کے تھا وہ کھڑا میرے سامنے
"کہنا تھا جو بھی، اس نے کہا میرے سامنے"

ناقد مجھے پسند، منافق نہیں پسند
"کہنا تھا جو بھی، اس نے کہا میرے سامنے"

اچھا لگا کہ وہ بھی تھا بالکل مری طرح
"کہنا تھا جو بھی، اس نے کہا میرے سامنے"

اچھا نہیں لگا تھا مگر اچھا یہ لگا
"کہنا تھا جو بھی، اس نے کہا میرے سامنے"

میرے خفا نہ ہونے کا بس یہ جواز ہے
"کہنا تھا جو بھی، اس نے کہا میرے سامنے"

میری خرابیوں سے مجھے آشنا کیا
"کہنا تھا جو بھی، اس نے کہا میرے سامنے"

❖❖❖

تضمینی غزل

(برمصرع محسن باعشن حسرت)

میں نے سچ بول کے تلوار پہ گردن رکھ دی
آج حیرت میں ہیں سب دیکھنے والے مجھ کو

❖❖❖

موجِ دریا سے کہو اب نہ اچھالے مجھ کو
"آج حیرت میں ہیں سب دیکھنے والے مجھ کو"
آئنے ہوں کہ زمانہ ہو کہ دشمن میرے
"آج حیرت میں ہیں سب دیکھنے والے مجھ کو"
میں نے دربار میں اک تیکھی غزل پڑھ دی جاکر
"آج حیرت میں ہیں سب دیکھنے والے مجھ کو"
رونے والوں میں ہوں بس ایک میں ہنسنے والا
"آج حیرت میں ہیں سب دیکھنے والے مجھ کو"
میں نے تو موت کا اعلان کیا ہے اپنی
"آج حیرت میں ہیں سب دیکھنے والے مجھ کو"
مجھ کو یہ دیکھ کے حیرت نہیں ہوتی ہے کمالؔ
"آج حیرت میں ہیں سب دیکھنے والے مجھ کو"

❖❖❖

تضمینی غزل

(برمصرع محمود کیفی)

پتھروں میں گلاب دیکھتا ہوں
اپنی مرضی کے خواب دیکھتا ہوں

❖❖❖

جب بھی چاہا ' جناب دیکھتا ہوں
''اپنی مرضی کے خواب دیکھتا ہوں''
میری آنکھیں ہیں ' میری راتیں ہیں
''اپنی مرضی کے خواب دیکھتا ہوں''
میں ہی تعبیر بھی نکالوں گا
''اپنی مرضی کے خواب دیکھتا ہوں''
اور میں کچھ تو کر نہیں پاتا
''اپنی مرضی کے خواب دیکھتا ہوں''
میری آنکھوں کا کچھ تو مصرف ہو
''اپنی مرضی کے خواب دیکھتا ہوں''
میں کھلی آنکھوں کے دریچوں سے
''اپنی مرضی کے خواب دیکھتا ہوں''

❖❖❖

تضمینی غزل

(بر مصرع مرزا اطہر ضیاء)

آتا ہے کون بجھتے چراغوں کے آس پاس
اچھا کیا جو آپ بھی اٹھ کر چلے گئے

❖❖❖

مجھ کو اکیلا چھوڑ کے سب گھر چلے گئے
"اچھا کیا جو آپ بھی اٹھ کر چلے گئے"

تنہا مجھے اٹھانا تھا تنہائیوں کا بوجھ
"اچھا کیا جو آپ بھی اٹھ کر چلے گئے"

مجھ کو تھپک تھپک کے سلایا تھا اور پھر
"اچھا کیا جو آپ بھی اٹھ کر چلے گئے"

اٹھ کر چلے گئے تھے مجھے چھوڑ کر سبھی
"اچھا کیا جو آپ بھی اٹھ کر چلے گئے"

محفل میں میرے آتے ہی سب اٹھ کے چلے دیئے
"اچھا کیا جو آپ بھی اٹھ کر چلے گئے"

کچھ مختصر نہیں تھی مری داستانِ غم
"اچھا کیا جو آپ بھی اٹھ کر چلے گئے"

مجھ کو بھی قفل دینا تھا دروازے پر کمالؔ
"اچھا کیا جو آپ بھی اٹھ کر چلے گئے"

❖❖❖

تضمینی غزل

(بر مصرعِ مستحسن عزم)

مدتوں بعد مرے دل کو دھڑکنا آیا
مجھ کو مت روک مری جان غزل کہنے دے

❖ ❖ ❖

اپنی زلفوں کو گھٹا، لب کو کنول کہنے دے
"مجھ کو مت روک مری جان غزل کہنے دے"
مسئلہ میرا ترا درد ہے، حل کہنے دے
"مجھ کو مت روک مری جان غزل کہنے دے"
آج دینی ہے مجھے اپنی اداسی کو مات
"مجھ کو مت روک مری جان غزل کہنے دے"
میرا وعدہ ہے ترا نام نہ آئے گا کہیں
"مجھ کو مت روک مری جان غزل کہنے دے"
مجھ کو دنیا نے دیئے آج کئی زخم نئے
"مجھ کو مت روک مری جان غزل کہنے دے"
آج کی رات نہ بیکار چلی جائے کہیں
"مجھ کو مت روک مری جان غزل کہنے دے"

❖ ❖ ❖

تضمینی غزل

(برمصرع مظفر حنفی)

میں خندہ نمائی سے یہی پوچھ رہا تھا
روتا ہوں تو رونے کی صدا کیوں نہیں آتی

❖❖❖

اے میرے غم دل یہ بتا، کیوں نہیں آتی
"روتا ہوں تو رونے کی صدا کیوں نہیں آتی"

ہنستا ہوں تو ہنسنے کی صدا آتی ہے، لیکن
"روتا ہوں تو رونے کی صدا کیوں نہیں آتی"

کیا میں نے بھی اب سیکھ لیا درد چھپانا
"روتا ہوں تو رونے کی صدا کیوں نہیں آتی"

آنکھوں کو بھی حیرت ہے، زباں کو بھی تجسس
"روتا ہوں تو رونے کی صدا کیوں نہیں آتی"

تنہائی ہے، سناٹا ہے، خاموشی ہے، لیکن
"روتا ہوں تو رونے کی صدا کیوں نہیں آتی"

ان کو مری تکلیف کا احساس ہو کیسے
"روتا ہوں تو رونے کی صدا کیوں نہیں آتی"

❖❖❖

تضمینی غزل

(بر مصرع مضطر افتخاری)

مضطر مصیبتوں کی نوازش نہ پوچھیے
ٹوٹے کچھ اس طرح کہ کھنڈر ہو گئے ہیں ہم

❖❖❖

کیڑے مکوڑوں کیلئے گھر ہو گئے ہیں ہم
"ٹوٹے کچھ اس طرح کہ کھنڈر ہو گئے ہیں ہم"

اک زلزلہ اٹھا تھا کبھی اندرونِ ذات
"ٹوٹے کچھ اس طرح کہ کھنڈر ہو گئے ہیں ہم"

کیا جانے کیسی ضرب تھی کیا جانے کیسی چوٹ
"ٹوٹے کچھ اس طرح کہ کھنڈر ہو گئے ہیں ہم"

حملہ شدید اتنا تھا اس بار وقت کا
"ٹوٹے کچھ اس طرح کہ کھنڈر ہو گئے ہیں ہم"

ممکن ہے اب ہماری مرمت نہ ہو سکے
"ٹوٹے کچھ اس طرح کہ کھنڈر ہو گئے ہیں ہم"

اک قصر عالیشان کبھی ہم بھی تھے مگر
"ٹوٹے کچھ اس طرح کہ کھنڈر ہو گئے ہیں ہم"

اک خواب ٹوٹنے کا اثر یہ ہوا کمال
"ٹوٹے کچھ اس طرح کہ کھنڈر ہو گئے ہیں ہم"

❖❖❖

تضمینی غزل

(برمصرع معراج احمد معراج)

یہ محفل ہے ظلمت پسندوں کی معراجؔ
یہاں تذکرہ ہی نہ کر روشنی کا

❖❖❖

کسی پر نہ ہوگا اثر روشنی کا
"یہاں تذکرہ ہی نہ کر روشنی کا"
کسی کو اندھیرے کا شکوہ نہیں ہے
"یہاں تذکرہ ہی نہ کر روشنی کا"
یہ بستی تو ہے کور بینوں کی بستی
"یہاں تذکرہ ہی نہ کر روشنی کا"
یہاں سارے بستے ہیں سورج کے ناقد
"یہاں تذکرہ ہی نہ کر روشنی کا"
دیا بجھتے بجھتے یہ کہہ کر بجھا ہے
"یہاں تذکرہ ہی نہ کر روشنی کا"
یہاں چاند سورج بھی اوندھے پڑے ہیں
"یہاں تذکرہ ہی نہ کر روشنی کا"

❖❖❖

تضمینی غزل

(بر مصرع معصوم شرقی)

وہ خارزارِ محبت جہاں سے گزرے ہم
ہمارے پاؤں میں کانٹا چبھا ابھی تک ہے

❖❖❖

جو درد اٹّھا تھا اس کا مزا ابھی تک ہے
''ہمارے پاؤں میں کانٹا چبھا ابھی تک ہے''
ہمیں خوشی ہے کہ ہم اب بھی سب سے آگے ہیں
''ہمارے پاؤں میں کانٹا چبھا ابھی تک ہے''
کسی کو کیسے یقیں ہم دلائیں منزل پر
''ہمارے پاؤں میں کانٹا چبھا ابھی تک ہے''
ہمارے پاؤں کو یہ کہہ کے کاٹ ڈالا گیا
''ہمارے پاؤں میں کانٹا چبھا ابھی تک ہے''
چلے تو ایک بھی پل کو خیال آیا نہیں
''ہمارے پاؤں میں کانٹا چبھا ابھی تک ہے''

❖❖❖

تضمینی غزل

(برمصرع مقصود انور مقصود)

اسے میں ظرف محبت کہوں نہ کیوں مقصود
جگر کا درد جگر میں رہا عیاں نہ ہوا

❖❖❖

یہ آگ وہ ہے کہ جس میں کوئی دھواں نہ ہوا
"جگر کا درد جگر میں رہا عیاں نہ ہوا"
مجھے لحاظ تھا آدابِ عشق کا اتنا
"جگر کا درد جگر میں رہا عیاں نہ ہوا"
وہ میرا حالِ غمِ دل سمجھتا بھی کیسے
"جگر کا درد جگر میں رہا عیاں نہ ہوا"
غزل کے شعر کہے پر انہیں سنا نہ سکے
"جگر کا درد جگر میں رہا عیاں نہ ہوا"
ہم اس کی بزم میں پہنچے تھے مسکراتے ہوئے
"جگر کا درد جگر میں رہا عیاں نہ ہوا"
کمالِ ضبط پہ حیران ہوگیا ہوں کمالؔ
"جگر کا درد جگر میں رہا عیاں نہ ہوا"

❖❖❖

تضمینی غزل

(بر مصرع ممتاز انور)

ہے کتنا جھوٹ کتنا سچ ہے کس میں
کبھی چہرے پڑھو تو جان لوگے

❖❖❖

ہیں چہرے آئینے تم مان لوگے
"کبھی چہرے پڑھو تو جان لوگے"
کسی کے دل میں کیا لکھا ہوا ہے
"کبھی چہرے پڑھو تو جان لوگے"
اخی میں اور عدو میں فرق کم ہے
"کبھی چہرے پڑھو تو جان لوگے"
نظر کچھ بولتی ہے اور لب کچھ
"کبھی چہرے پڑھو تو جان لوگے"
قسم جھوٹی بھی کھاتی ہے یہ دنیا
"کبھی چہرے پڑھو تو جان لوگے"
کمالؔ آساں نہیں ہے یہ پڑھائی
"کبھی چہرے پڑھو تو جان لوگے"

❖❖❖

تضمینی غزل

(بر مصرع ممتاز راشد)

مجھ سے منہ پھیرنے والے مری قیمت پہچان
میں وہ سکہ ہوں جو بازار میں چلتا ہی نہیں

❖ ❖ ❖

ایک گوشے میں پڑا ہوں میں نکلتا ہی نہیں
"میں وہ سکہ ہوں جو بازار میں چلتا ہی نہیں"
ایک شوکیس میں ہوں میں تو عجائب گھر کے
"میں وہ سکہ ہوں جو بازار میں چلتا ہی نہیں"
کھیل سے پہلے کوئی ٹاس کرے گا مجھ سے
"میں وہ سکہ ہوں جو بازار میں چلتا ہی نہیں"
رہ گیا ہوں کسی بچے کا کھلونا بن کر
"میں وہ سکہ ہوں جو بازار میں چلتا ہی نہیں"
میری پہچان محبت ہے، مرا نام وفا
"میں وہ سکہ ہوں جو بازار میں چلتا ہی نہیں"

❖ ❖ ❖

تضمینی غزل

(برمصرع منظور عالم شاہ)

میخانے میں جب آ کے رہن زندگی رکھ دی
تب جا کے کہیں گوشۂ تنہائی بنا ہے

❖❖❖

پہلے تو یہ دل تیرا تمنائی بنا ہے
"تب جا کے کہیں گوشۂ تنہائی بنا ہے"
تنہائی کے مفہوم سے آگاہ ہوئے جب
"تب جا کے کہیں گوشۂ تنہائی بنا ہے"
دنیا کی محبت کو کیا دل سے الگ جب
"تب جا کے کہیں گوشۂ تنہائی بنا ہے"
دل سے تری یادوں کے سوا سب کو نکالا
"تب جا کے کہیں گوشۂ تنہائی بنا ہے"
پہلے تو بھری بزم میں ہم تنہا ہوئے ہیں
"تب جا کے کہیں گوشۂ تنہائی بنا ہے"

❖❖❖

تضمینی غزل

(برمصرع منور رانا)

اس میں آوارہ مزاجی کا کوئی دخل نہیں
دشت و صحرا میں پھرا تا ہے مقدر مجھ کو

❖❖❖

دشت و صحرا سے نکالے کوئی باہر مجھ کو
"دشت و صحرا میں پھرا تا ہے مقدر مجھ کو"
دور سے دیتا ہے آواز مرا گھر مجھ کو
"دشت و صحرا میں پھرا تا ہے مقدر مجھ کو"
میں کوئی قیس نہیں ہوں، مری لیلیٰ بھی نہیں
"دشت و صحرا میں پھرا تا ہے مقدر مجھ کو"
آج بھی زندہ ہوں میں خانہ بدوشوں کی طرح
"دشت و صحرا میں پھرا تا ہے مقدر مجھ کو"
رنگ لائے گی مری خانہ بدوشی اک دن
"دشت و صحرا میں پھرا تا ہے مقدر مجھ کو"
در و دیوار کی مجھ کو بھی طلب ہے، لیکن
"دشت و صحرا میں پھرا تا ہے مقدر مجھ کو"

❖❖❖

تضمینی غزل

(برمصرع منیر انور)

ہمیں یقیں تو نہیں ہے، یہ لوگ کہتے ہیں
تمہارے شہر میں ہوتا بھلا کسی کا نہیں

❖❖❖

کوئی خدا کا نہیں ہے، خدا کسی کا نہیں
"تمہارے شہر میں ہوتا بھلا کسی کا نہیں"

وہ دوست ہو کہ عدو ہو کہ اجنبی کوئی
"تمہارے شہر میں ہوتا بھلا کسی کا نہیں"

تمہارے شہر میں کچھ روز رہ کے دیکھ لیا
"تمہارے شہر میں ہوتا بھلا کسی کا نہیں"

ہمارے جیسے نہ ہوتے جو چند دیوانے
"تمہارے شہر میں ہوتا بھلا کسی کا نہیں"

تمہارے شہر سے جو آئے ہیں بتاتے ہیں
"تمہارے شہر میں ہوتا بھلا کسی کا نہیں"

تمہارے شہر میں ہوں گے بھلے ہی لوگ بھلے
"تمہارے شہر میں ہوتا بھلا کسی کا نہیں"

تمہارے اور مرے شہر میں ہے فرق یہی
"تمہارے شہر میں ہوتا بھلا کسی کا نہیں"

❖❖❖

تضمینی غزل

(برمصرع موج شاکری)

ہمیں یقین ہے ساقی کہ میکدے میں ترے
فرشتے بھی کبھی آئیں گے میکشی کے لئے

❖❖❖

خدا نے گرچہ بنایا ہے بندگی کے لئے
"فرشتے بھی کبھی آئیں گے میکشی کے لئے"
جناب شیخ کی کیا حیثیت ہے اے ساقی
"فرشتے بھی کبھی آئیں گے میکشی کے لئے"
ہماری طرح اٹھائیں گے جب وہ بارِ الم
"فرشتے بھی کبھی آئیں گے میکشی کے لئے"
سنیں گے جب تری دریا دلی کے چرچے تو
"فرشتے بھی کبھی آئیں گے میکشی کے لئے"
دلوں سے خوفِ خدا گر یونہی نکلتا رہا
"فرشتے بھی کبھی آئیں گے میکشی کے لئے"

❖❖❖

تضمینی غزل

(برمصرع مہدی پرتاپ گڑھی)

صالح روایتوں پہ بھی آنے لگا زوال
قیمت بڑھی ہے ان دنوں کاغذ کے پھول کی

❖❖❖

شہرِ گلاب پر ہے حکومت ببول کی
"قیمت بڑھی ہے ان دنوں کاغذ کے پھول کی"
مرجھا گئے ہیں بیلا ' چمیلی ' گلاب سب
"قیمت بڑھی ہے ان دنوں کاغذ کے پھول کی"
مرنے لگے ہیں لوگ فقط رنگ روپ پر
"قیمت بڑھی ہے ان دنوں کاغذ کے پھول کی"
تو نے یہ کیا غضب کیا بالوں میں ڈال کر
"قیمت بڑھی ہے ان دنوں کاغذ کے پھول کی"
اب تو مشاعروں میں ترنم کی مانگ ہے
"قیمت بڑھی ہے ان دنوں کاغذ کے پھول کی"

❖❖❖

تضمینی غزل

(برمصرع ناصر کاظمی)

اپنی	دھن	میں	رہتا ہوں
میں	بھی	تیرے	جیسا ہوں

❖❖❖

سچ کہتا ہوں جھوٹا ہوں
”میں بھی تیرے جیسا ہوں“
ندی کنارے پیاسا ہوں
”میں بھی تیرے جیسا ہوں“
آئینے! تو غور سے دیکھ
”میں بھی تیرے جیسا ہوں“
سن لے اے مفلس کے چراغ
”میں بھی تیرے جیسا ہوں“
میرے پاس آ نیم کے پیڑ
”میں بھی تیرے جیسا ہوں“
تیرے سپنے ٹوٹ گئے؟
”میں بھی تیرے جیسا ہوں“
اک شاعر بے باک کمالؔ
”میں بھی تیرے جیسا ہوں“

❖❖❖

تضمینی غزل

(برمصرع نسیم عباسی)

بہت سے زخم تو سب کو دکھائی دیتے تھے
بہت سے زخم کسی کو نظر نہیں آئے

❖❖❖

تمام زخم سبھی کو نظر نہیں آئے
"بہت سے زخم کسی کو نظر نہیں آئے"

بہت سے زخم نہیں لگتے زخم کے جیسے
"بہت سے زخم کسی کو نظر نہیں آئے"

کئی بدن پہ، کئی دل، کئی جگر پر تھے
"بہت سے زخم کسی کو نظر نہیں آئے"

چھپا لئے تھے جو ہم نے ہنسی کے پردے میں
"بہت سے زخم کسی کو نظر نہیں آئے"

تھے اتنے سرخ کہ ان کو گلاب سمجھا گیا
"بہت سے زخم کسی کو نظر نہیں آئے"

❖❖❖

تضمینی غزل

(برمصرع نظم طباطبائی)

جو اہل دل ہیں الگ ہیں وہ اہل ظاہر سے
نہ میں ہوں شیخ کی جانب نہ برہمن کی طرف

❖❖❖

جنوں کے جوش میں سیدھا چلا میں بن کی طرف
''نہ میں ہوں شیخ کی جانب نہ برہمن کی طرف''
تماشے دیکھ رہا ہوں میں پارساؤں کے
''نہ میں ہوں شیخ کی جانب نہ برہمن کی طرف''
میں ایک رند ہوں مجھ کو کسی سے کیا مطلب
''نہ میں ہوں شیخ کی جانب نہ برہمن کی طرف''
زمینِ دل میں تنفر کا بیج بوتے ہیں
''نہ میں ہوں شیخ کی جانب نہ برہمن کی طرف''
مرا خدا تو مرے دل میں ہے مقیم کہیں
''نہ میں ہوں شیخ کی جانب نہ برہمن کی طرف''
کمالؔ! میں نہ مسلماں ہوں اور نہ کافر ہوں
''نہ میں ہوں شیخ کی جانب نہ برہمن کی طرف''

❖❖❖

تضمینی غزل

(برمصرع نصراللہ نصر)

روشنی پا کر نئی تہذیب کی
ظلمتوں میں آدمی ہے کیا کریں

❖❖❖

ذہن و دل میں تیرگی ہے کیا کریں
"ظلمتوں میں آدمی ہے کیا کریں"
روشنی ہی روشنی تو ہے ، مگر
"ظلمتوں میں آدمی ہے کیا کریں"
ہے عجب طرفہ تماشا، خوش بہت
"ظلمتوں میں آدمی ہے کیا کریں"
ایک دوجے کے بجھا کر سب چراغ
"ظلمتوں میں آدمی ہے کیا کریں"
چاند کو تسخیر کرکے بھی کمالؔ
"ظلمتوں میں آدمی ہے کیا کریں"

❖❖❖

تضمینی غزل

(برمصرع والی آسی)

سرحدِ جاں سے گزرنا بھی نہیں چاہتے ہیں
زندگی! ہم ابھی مرنا بھی نہیں چاہتے ہیں

❖❖❖

ٹوٹی کشتی سے اترنا بھی نہیں چاہتے ہیں
"زندگی! ہم ابھی مرنا بھی نہیں چاہتے ہیں"
تیری خواہش ہے جو' کرنا بھی نہیں چاہتے ہیں
"زندگی! ہم ابھی مرنا بھی نہیں چاہتے ہیں"
گرچہ جینے کا سلیقہ نہیں آیا اب تک
"زندگی! ہم ابھی مرنا بھی نہیں چاہتے ہیں"
بڑی مشکل ہے کہ جینے کی تمنا بھی نہیں
"زندگی! ہم ابھی مرنا بھی نہیں چاہتے ہیں"
ہم کو کچھ اور جفائیں تری سہنی ہیں ابھی
"زندگی! ہم ابھی مرنا بھی نہیں چاہتے ہیں"
دل میں رکھتے ہیں شکایات کا دفتر' لیکن
"زندگی! ہم ابھی مرنا بھی نہیں چاہتے ہیں"

❖❖❖

تضمینی غزل

(برمصرعِ والی آسی)

چراغ دیکھ کے میرے مچل رہی ہے ہوا
کئی دنوں سے بہت تیز چل رہی ہے ہوا

❖❖❖

نہ جانے کس کے بھروسے اچھل رہی ہے ہوا
"کئی دنوں سے بہت تیز چل رہی ہے ہوا"

کئی دنوں سے دیوں نے لویں بڑھا لی ہیں
"کئی دنوں سے بہت تیز چل رہی ہے ہوا"

نہ جانے کتنے گھروں کے چراغ گل ہوں گے
"کئی دنوں سے بہت تیز چل رہی ہے ہوا"

تم اپنی زلف کی خوشبو سنبھال کر رکھو
"کئی دنوں سے بہت تیز چل رہی ہے ہوا"

بکھر نہ جائے برادہ شکستہ خوابوں کا
"کئی دنوں سے بہت تیز چل رہی ہے ہوا"

❖❖❖

تضمینی غزل

(برمصرع یگانہ چنگیزی)

کعبہ نہیں کہ ساری خدائی کو دخل ہو
دل میں سوائے یار کسی کا گزر نہیں

❖❖❖

دل ہے حضور دل ' یہ کرائے کا گھر نہیں
''دل میں سوائے یار کسی کا گزر نہیں''
دستک تو دے رہے ہیں کئی آتے جاتے لوگ
''دل میں سوائے یار کسی کا گزر نہیں''
کمرے میں جب بھی چاہے کوئی آئے کوئی جائے
''دل میں سوائے یار کسی کا گزر نہیں''
اک فردِ خاص کے لئے ہے یہ قیام خاص
''دل میں سوائے یار کسی کا گزر نہیں''
در پر کسی کے درد کا دربان ہے کھڑا
''دل میں سوائے یار کسی کا گزر نہیں''

❖❖❖